JN414399

한국교원대학교 교육과학연구소 교육연구에세이 02

성인 경험학습의 이해

이론과 실제

김한별 · 김영석 · 이로미 · 이성엽 · 최성애 공저

동문사

머리말

익히 알려진 것처럼 사생아로 태어난 레오나르도 다 빈치는 학교교육을 제대로 받지 못해서 라틴어와 그리스어를 읽을 수 없었다고 한다. 그래서 다양한 고전읽기나 제대로 된 교육을 통해서 자신의 실력을 기르는 대신, 공방의 견습생으로서, 그리고 주위에서 접하는 사물들에 대한 관찰을 통해서 과학과 예술을 아우르는 여러 분야에서 탁월한 재능을 발휘하였다고 한다. 레오나르도 다 빈치의 예는 한 개인을 성장시키는 중요한 경험들이 교육을 목적으로 의도적으로 구성된 환경에서만 얻어질 수 있는 것이 아니라, 생활 그 자체에서 풍부하게 얻을 수 있다는 점을 알려주는 것이라고 할 수 있다. 경험학습은 바로 이 점에 주목하는 개념이다.

말 자체만 놓고 보면, 경험학습은 경험을 매개로 이루어지는 학습을 지칭하는 매우 포괄적인 개념이라고 할 수 있다. 여기에는 학습자들의 체험을 강조하는 입장이나, 의도적 목적을 가지고 조직화된 경험을 제공하는 입장도 함께 포함될 수 있다. 하지만 이 책에서는 계획적으로 운영되는 형식교육의 장면 이외에, 주로 일상적 삶의 모습에서 나타나는 학습에 대해서 보다 많은 관심을 둔다는 점을 우선 밝히고자 한다. 경험학습의 개념은 특히 평생교육, 성인학습의 분야에서 자주 언급되는 주제이다. 평생학습은 교육과 학습의 개념을 한 개인의 생애 전반으로 확장하고, 사회의 여러 장면들에서 교육과 학습 현상을 설명하고자 한다. 교육과 학습의 영역을 시간적, 공간적으로 확대함으로써 사전에 교육을 목적으로 계획되지 않은 맥락에서 개인의 능동적인 활동을 통해서 이루어지는 학습을 발견할 수 있게 된다. 경험학습이란 바로 일상적 삶의 모습에서 발견되는 제도화되지 않고 일정한 형식을 갖추지 않은 학습에 대해서 주목하는 것이다.

이 책은 경험학습에 대해서 처음 관심을 가지는 독자들도 손쉽게 이해할 수 있도록 집필되었다. 경험학습이라는 용어가 최근 들어서 많이 언급되어지는 것에 비하여 그 실제에 대해서는 아직까지 평생교육 분야 전문 학술지를 통해서 접할 수 있을 뿐이다. 그래서 본 연구에세이는 그리 특별하지 않은 성인들의 일상적 삶에서 나타나는 현상에 대해서, 특별한 전문지식을 갖추지 않은 일반 독자들이 이해할 수 있도록 돕고, 나아가서 독자들이 자신의 삶에서 학습이라는 요소를 스스로 발견할 수 있는 시야를 가지는데 보탬이 되고자 기획되었다. 이 책에서는 일터 종업원, 이주노동자, 노인, 장애아 부모, 그리고 교사의 사례를 담고 있으며, 이들 사례내용의 전문성과 독자들의 가독성을 함께 고려하려고 애를 썼다. 하지만 필자들의 부족함으로 인해서 보완의 여지가 발견되는 부분에 대해서는 계속해서 고쳐가도록 할 것이다.

항상 충분할 수는 없겠지만, 이들의 사례를 통해서 독자들이 경험학습이 무엇인지 이해하고 그에 대한 생각들을 정리할 수 있는 계기가 될 수 있기를 바란다. 아울러서 교육연구에세이 시리즈를 기획하고 필자들에게 기회를 준 한국교원대학교 교육과학연구소와 바쁜 일정 가운데에서 많은 도움을 주신 동문사 직원들께 깊은 감사를 드린다.

집필자들을 대표하여,

김한별

차 례

01

경험학습의 이해

김한별(한국교원대학교 교육학과 교수)

경험, 경험학습의 의미

경험학습은 말 그대로 경험에 의한 학습 또는 경험을 통한 학습이라고 할 수 있다. 경험학습을 이해하기 위해서는 우선 경험의 의미를 생각하는 것이 필요하다. 경험이라는 단어는 우리의 삶의 일상에서 흔히 접할 수 있는 것만큼 매우 포괄적인 의미를 담고 있다. 예를 들면, 학교 수업활동에 참여하는 것도 경험의 일종이며, 매일 대중교통을 이용하면서 접하는 다양한 사건이나, 인터넷 카페 게시판에 올라온 글들을 보면서 다른 회원들과 의견을 주고받는 것도 모두 경험이다. 뿐만 아니라, 책이나 영화를 보고 나서 기억에 남는 인상적인 부분을 되새겨보는 것도 역시 경험이 될 수 있다. 그렇기 때문에 경험이는 우리가 의식을 가지고 살아가는 가운데 끊임없이 접하게 되는 속성을 가지고 있다.

경험은 시간적으로는 우리의 생애발달 전 과정에 있어서 지속적으로 발생하며, 공간적으로는 우리가 일상 속에서 존재하게 되는 모든 생활의 영역에서 언제든지 접할 수 있다. 경험은 삶의 외적 조건이 되는 환경과 인식의 주체로서 개인이 만나는 지점에서 드러나게 되는 것이다. 한숭희(2009: 97)는 경험을 "인간 생명체가 환경을 감각하고 지각하며 인지하는 과정에서 생성된 것"이라고 설명한다. 그렇기 때문에 경험은 한 개인이 의식을 가지고 살아가는 전 생애과정에 걸쳐서 계속해서 형성되어지는 것이다. 이러한 맥락에서 교육의 의미는 경험의 지속적인 생성과 변화가 무엇보다도 학습자의 성장을 추동하는 방향으로 이루어질 수 있도록 지원하는 의도적이고 조직적인 노력으로 파악될 수 있다.

학습과정은 학습의 주체로서 개인과, 학습의 대상이자 조건이 되는 환경이 함께 어우러져서 이루어진다. 이것은 모든 학습과정에 있어서 경험이 필연적으로 개입한다는 점을 말하는 것이며, 학습자는 학습을 통해서 자신이 가지고 있는 경험내용과 형식을 계속해서 변화시켜 나가게 된다. 이런 점에서 볼 때, 경험학습은 우리가 일반적으로 알고 있는 학습의 의미, 즉, 개인의 의도적 변화와 특별히 구별되는 개념은 아니라고 할 수 있다. 그러나 '경험'이라는 단어와 '학습'이라는 단어가 결합한 경험학습은 개인과 환경이 접점을 이루는 구조적 성격이 개인에 따라서 매우 다양한 학습을 유발할 수 있다는 점에 특히 주목한다.

경험이 생성되는 양상은 원래부터 당연히 그렇게 이루어질 수밖에 없었던 것이 아니라, 개인과 환경이 결합하는 조건, 구조의 성격과 의미에 따라서 매우 가변적으로 나타난다. 특히 학습이 수행되는 현재 시점에 개입하는 경험의 의미를 파악하기 위해서는 개인이 가지고 있는 과거 경험의 특성을 함께 고려해야 한다. 즉, '학습'이라는 개념에 추가된 '경험'의 개념은 단순히 개인과 환경의 상호작용을 통해서 나타나는 현재의 경험에 대해서만 주의를 기울이는 것에 그치지 않으며, 학습자가 이미 가지고 있는 다른 경험의 성격과 개입가능성을 함께 고려하고 있음을 보여주는 것이다.

좀 더 구체적으로 살펴보면, 개인과 환경이라는 두 가지 요소가 결합하는 지점에서 학습의 원천이 되는 경험이 발생하기 때문에, 경험학습은 이 둘의 상호작용 구조를 통해서 학습과정을 이야기한다. 그러나 경험학습의 논의에서는 더 나아가서 역사성을 갖는 학습자 모습까지 염두에 둔다. 역사성을 갖는 학습자란, 현재 환경에 대한 인식과 이해를 통해서 경험을 생성하고 있는 학습자는 지난 삶의 시간을 통해서 점진적으로 변해온 개인이라는 사실을 말한다. 과거에 어떤 사건, 경험을 했는지는 현재 시점에 학습자 자신이 접하고 있는 인물, 사건, 상황 등을 이해하는 과정에 영향을 미치게 된다. 그래서 지금 이 순간 개인의 경험은 개인 자신이 과거에 접했었던 다양한 경험들의 성격과 관련되어 구성된다. 학습은 바로 현재 경험을 구성하는 과정이다. 즉, 과거의 개인과 환경의 결합구조는 현재 시점에서 개인과 환경의 결합의 양상에 영향을 미치며, 이는 다시 미래에 개인이 모종의 환경과 접속하는 형식에 관여하게 되는 것이다. 이러한 맥락에서 Dewey는 현재의 경험은 과거의 경험의 영향을 받으며, 동시에 미래의 경험과도 연결된다는 경험의 계속성 원리를 설명한다.

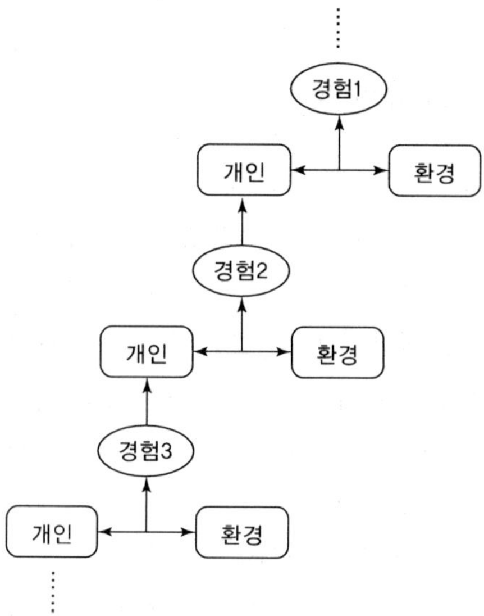

[그림 1] 경험의 계속성

정리하면, 경험이란 개인과 그를 에워싸고 있는 환경이 만나는 과정에서 형성되는 산물이다. 또한 경험이 발생하기 위해서는 환경에 대한 개인의 의식적인 지각과 해석이 이루어져야 한다. 그리고 경험학습이란, 환경에 대한 인식의 주체로서 개인은 과거경험과 기억을 바탕으로 자신의 경험을 새롭게 형성하거나 개조해가는 일련의 연속적 과정을 수행해나가는 과정을 말한다. 경험학습은 학습의 매개자이자, 산출물로서 경험의 의미에 주목하는 입장이라고 할 수 있다.

경험학습의 형태

Jarvis(2004)는 모든 학습은 경험으로부터 출발한다고 이야기한다. 경험이 갖는 성격과 상관없이 개인의 변화를 유도하는 학습은 이루어질 수 있다는 것이다. 심지어 교육적으로 부정적 의미를 갖는 경험을 통해서도 우리는 새로운 사실을 알게 될 수 있으며, 행동, 생각, 그리고 가치관 등이 변하게 될 수 있다. 그러나 모든 학습이 경험을 전제한다고 해서 경험이 학습을 자동적으로 촉발하는 것은 아니다. 일정한 조건이 충족되지 않으면 경험은 학습으로 이어질 수 없다. 일상적 삶에서 접하게 되는 다양한 경험을 매개로 한 학습이 나타나기 위해서는 세 가지 전제조건에 대해서 충족될 필요가 있다.

첫 번째 조건은 환경을 인식하고 경험을 구성하는 주체인 개인이 일정 수준의 인지적, 정의적, 그리고 기능적 능력의 보유 정도와, 그러한 능력을 적극적으로 이용하려는 의지를 가지고 있어야 한다. 학습자는 기본적으로 자신이 추구하는 이상적 자아의 모습, 현실의 자기에 대한 정체성, 그리고 다양한 시각에서 자신의 모습뿐만 아니라, 환경을 이해하고 해석할 수 있는 반성적 사고능력을 가지고 있어야 한다. 뿐만 아니라, 의미 있는 경험학습이 이루어지기 위해서는 그러한 능력을 활용해서 주어진 사건이나 상황에 대하여 스스로 해결하고 성찰하려는 의지를 가지고 있어야 한다. 이러한 요소가 결핍된 상태에서는 경험학습이 원활하게 이루어지기 어렵다. 학습의 가치는 경험의 질적 수준으로부터 기대되는 것이 아니라, 경험에 대해서 개인이 투입하는 성찰의 질적 수준에 의해서 판가름난다는 설명(Merriam, Caffarella, & Baumgartner, 2007)은 이와 관련된다고 볼 수 있다.

두 번째 조건은 학습자가 봉착하고 있는 구체적인 상황이 자신이 가지고 있는 기존의 지식이나 기능과 관련하여 어떤 의미를 가지고 있는가이다. 어떤 문제적 상황은 기존의 지식이나 기능적 능력수준을 고려했을 때 충분히 해결할 수 있는 것이기도 하지만, 어떤 경우에는 학습자가 문제를 인식하고 해결하는 통상적 습관으로는 해결하기 어려운 것이기도 하다. 즉, 당면한 문제적 상황이 자신이 기존에 가지고 있는 지식이나 가치관으로 해결할 수 없거나, 충분히 설명하기 어려운 것인지, 아니면 현재 수준의 지식, 기능, 가치관만으로도 해결할 수 있는 성격인지에 따라서 경험학습의 양상은 다르게 나타난다.

세 번째 조건은 이러한 문제적 상황이 학습자의 입장에서 해석되어지는 의미이다. 어떤 상황에서는 자신이 접한 과제가 문제라는 점 자체에 대해서는 공감하지만, 자신의 입장과 상황에 비추어보았을 때 별로 관련이 없다고 생각하거나, 굳이 해결할 필요성을 느끼지 않을 수 있다. 반대로 학습자가 스스로 문제적 상황에 대해서 적절하게 이해하거나 반드시 해결해야만 한다고 생각하는 경우도 있을 수 있다. 경험학습이 이루어지기 위해서는 학습자가 자신의 과거경험이나 현재의 조건과 함께 고려했을 때, 문제적 상황이 어떠한 이유에서든 반드시 해결하거나 이해해야 할 필요성을 지각하고 있어야 한다.

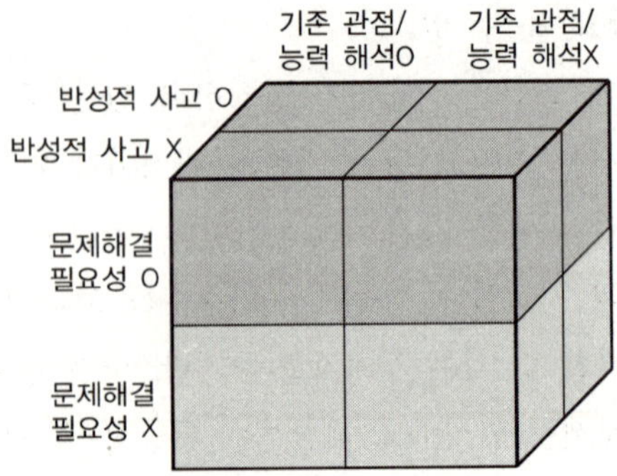

[그림 2] 경험학습 이해의 세 가지 차원

이들 세 가지 조건 가운데 첫 번째는 학습자 개인과 관련되는 조건인 반면, 두 번째와 세 번째 조건은 학습자가 가지는 문제와 관련되는 것이라고 볼 수 있다. 이처럼 경험학습의 형태는 학습자와 학습 상황 속에서 발견되는 문제가 가지는 특성이 함께 작용하여 다양하게 나타난다. 하지만 [그림 2]에서 보는 바와 같이 학습자에 의해서 문제해결의 필요성이 충분히 인식되지 않는 경우에는 경험이 학습으로 이어지지 않는다. 그러므로 경험학습의 형태는 문제해결의 필요성을 학습자가 인식하고 공감하는 조건에서 구분해볼 수 있다. <표 3>은 기존의 입장에서 문제 해결가능성의 범주와 학습자의 반성적 사고의 개입여부의 범주에 따라서 구분할 수 있는 경험학습의 형태를 제시하고 있다.

〈표 3〉 경험학습의 형태

기본전제 : 문제해결의 필요성 인식	기존 관점 / 능력에서 해결 가능	기존 관점 / 능력에서 해결 불가능
반성적 사고 개입	숙고활동	전환학습
반성적 사고 미개입	단순적용 / 실행 기억	기억(미래를 위한 정보)

문제해결의 필요성을 인식하고 공감하는 전제에서 학습자의 기존 관점이나 능력에서 해결 가능한 문제와 관련한 학습의 양상은 숙고활동과 단순적용 / 실행으로 구분된다. 숙고활동은 자신이 가지고 있는 정보나 시각의 토대에서 최선의 대안을 도출하고 이해하는 형태이다. 반면, 단순적용 / 실행은 문제의 원인 및 해결대안을 찾기 위한 반성적 사고 대신, 문제를 해결하기 위한 구체적인 실행을 하는 것을 말한다. 여기에는 자신의 관점에 순조롭게 조응하는 경험을 통하여 새로운 정보를 그대로 수용하고 기억하는 형태도 포함된다.

학습자가 접하는 문제 가운데에는 기존의 관점이나 능력으로는 충분히 해결되지 못하는 경우가 있다. 특히 평소에 자신이 가지고 있던 가정에 비추어 보았을 때 이례적인 경험들이나, 일상적 삶의 조건에서 예상하지 못한 사건들로부터 기인하는 경험들이 여기에 해당된다고 볼 수 있다. 이 경우 두 가지 경험학습의 가능성을 생각해볼 수 있다.

첫 번째 형태의 경험학습은 반성적 사고를 통해서 문제를 바라보는 자신의 관점 자체의 질적 변화를 도모하는 전환학습의 형태이다. 경험에 대한 성찰을 강조한다는 점에서 전환학습은 대체로 경험학습의 모습과 같은 것으로 다루어지기도 한다. 하지만 엄밀히 구분하면, 전환학습은 학습자의 비판적 성찰을 통한 관점의 변화를 의도하는 경험학습의 한 유형이다.

두 번째 형태의 경험학습은 문제가 발생한 맥락과 진행과정 자체에 대한 정보를 일단 기억해두는 형태로 나타난다. 이러한 기억의 활동을 통해서 미래에 학습자의 여건이 성숙되었을 때 학습 자원이 될 수 있는 일종의 사례들을 축적하게 된다.

경험학습과 성찰

경험학습에 있어서 학습자의 성찰은 중요한 요소를 차지한다. 경험은 학습자와 환경이 접점을 형성하는 과정에서 구성되는데, 이 과정에 개입하는 학습자의 의식적 노력이 바로 성찰이다. 경험학습에 관해서 많은 연구를 한 학자들은 성찰의 중요성을 강조한다. 경험학습의 과정을 명료하게 제시하는 Kolb(1984)의 경험학습 모형에서 성찰의 역할과 위치를 확인할 수 있다.

콜브는 경험학습이 이루어지는 과정을 개인적 수준에서 네 단계로 설명하고 있다. 첫 번째 단계는 구체적 경험의 단계로서 일상의 구체적 맥락에서 접하게 되는 문제적 상황을 인식하는 단계이다. 일상 속에서 예상하지 못했거나 이례적인 사건을 접하면서 경험하는 신체적, 심리적 불편함으로부터 학습이 시작된다.

두 번째 단계는 반성적 관찰의 단계로서 구체적 경험에 대해서 학습자의 다양한 성찰활동이 이루어지는 단계이다. 반성적 관찰을 통해서 개인은 문제에 내포된 의미들을 독자적으로 해석하려는 성찰 활동을 수행하게 된다.

세 번째 단계는 추상적 개념화의 단계로서 반성적 관찰을 통해서 획득한 결과, 원리들을 정리하는 단계이다. 여기서는 구체적 경험에 내포되어 있는 일반적 수준에서의 지식, 원리, 가정을 도출하는 과정이 이루어지게 된다.

마지막으로 네 번째 단계는 능동적 실행단계이다. 이 단계는 추상적 개념화를 통해서 추출된 원리나 가정을 실제로 적용하여 문제를 해결하거나 이해하려는 시도를 수행하는 과정을 말한다. [그림 3]에서 보는 바와 같이 능동적 실행단계를 통해서 학습자가 시도하는 새로운 활동은 다시 개인에게 구체적인 경험이 된다. Kolb는 이러한 네 가지 과정이 순차적으로 이루어진다고 설명한다.

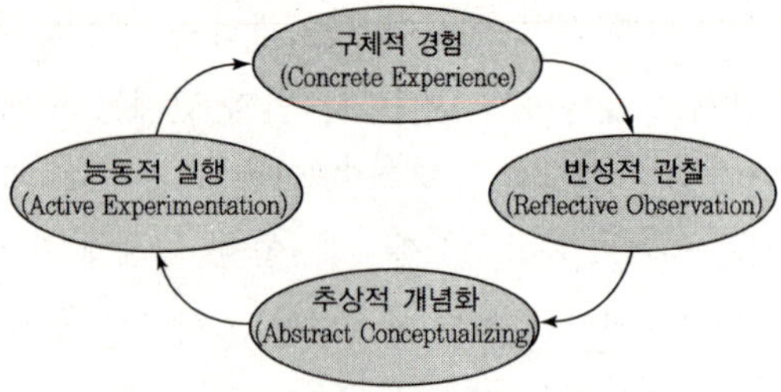

[그림 3] 콜브의 경험학습 모형

출처 : Kolb, D. (1984). Experiential learning: Experience as the source of learning and development.

학습에 있어서 개인의 성찰에 주목한 학자로 Schön (1987)이 있다. Schön은 초심자와 구별되는 전문가는 불확실성이 존재하고 있는 현실 조건에서 가장 효과적으로 문제를 해결할 수 있는 최적의 대안을 찾아서 적용하는 능력을 가진 존재라고 본다. 전문가로서 인정받는 수 있는 것은 탈맥락적인 지식이나 기술의 보유수준에 의한 것이 아니라, 현실의 문제적 상황속에서 투입하는 성찰 활동의 질적 가치에 의해서 좌우된다는 것이다.

이에 대한 상세한 설명을 위해서 Schön은 경험을 매개로 하는 학습과정에 개입하는 성찰의 유형을 행위 후의 성찰(reflection-on-action)과 행위 중의 성찰(reflection-in-action) 두 가지로 분류한다. 행위 후의 성찰이란 어떤 활동을 종료한 이후에 활동 전반에 걸친 종합적인 반성을 뜻한다. 일기 쓰기나 활동에 대한 소감문을 작성하는 작업은 행위 후의 성찰의 예가 된다. 행위 후의 성찰을 통해서 우리는 자신의 행위 내용에 대한 반성과 그 기저에 내재되어 있는 선입견, 기대, 전제조건 등에 대해서 점검할 수 있게 된다. 반면, 행위 중의 성찰이란 어떤 활동을 진행하는 가운데 부딪히는 문제를 적절하게 해결할 수 있는 대안을 탐색하는 활동이다. 문제해결의 과정에서 접하게 되는 예상치 못한 사건에 대한 즉각적이면서 적절한 대응방법과 전략을 찾는 과정이다. Schön은 전문가가 초심자와 구별되는 핵심적인 차이는 바로 행위 중 성찰의 가치에 있다고 설명한다.

경험학습의 한 유형으로서 전환학습은 학습자 성찰의 가치, 특히 비판적 성찰의 중요성을 강조한다. 개인은 성찰을 통해서 자신이 가지고 있는 기존의 관점이나 통념적 가정에 의존한 습관적 행위를 벗어날 수 있다. 특히 Mezirow(1990: 14)는 성인 학습의 독특한 모습으로서, 학습자가 가지고 있는 관점의 전환을 강조하였다. 관점의 전환이라 "개인이 가지고 있는 전제 가정이 현실을 지각하고, 이해하고, 또 느끼는 가운데 어떻게, 혹은 왜 개입하는지에 대해서 비판적으로 깨닫게 되는 과정"이다.

Mezirow가 보았을 때, 학습이란 이러한 관점의 전환이 이루어지는 일련의 과정을 말한다. 관점의 전환이 이루어지기 위해서는 '왜(why)'라는 경험의 근본적 조건과 배경에 주목하는 비판적 성찰이 필수적으로 요구된다. 문제적 상황이나 경험을 인식하고 이해하는 과정에 필연적으로 개입하는 예상, 전제조건, 규범들의 몰가치성에 대한 비판적 성찰을 통해서 경험을 새로운 시각에서 이해하고 통합할 수 있는 의미관점의 발달을 기대할 수 있게 된다.

Mezirow(1991)는 기존의 관점에서 충분히 이해되지 않고 문제적 상황으로 인식되어지는 삶의 경험들을 새롭게 이해할 수 있도록 학습자 스스로 자신의 관점을 조정, 변화하는 과정이 삶의 연속선상에서 계속해서 이루어진다고 본다. 그리고 관점 변화의 연속적 과정을 통해서 성인학습자는 보다 성숙한 관점으로의 발달이 이루어지게 된다.

이 책의 주요 내용

경험학습은 단순히 성인의 일상적 삶의 장면에서 교육적 효과를 목적으로 조직된 형식적 맥락에서만 교육현장이 발견되는 것이 아님을 보여준다. 개인의 성장은 교육적으로 의미 있는 경험을 제공하기 위한 의도적 노력을 통해서 이루어질 수도 있지만, 의도적 계획이 개입하지 않은 상황 속에서 학습자의 주도적 노력과 성찰을 통해서 이루어질 수 있다. 이 책은 이러한 모습을 실제적으로 이해할 수 있는 토대를 제공하기 위해서 쓰여졌다.

이후의 장에서부터 제시되는 여러 학자들의 논의는 다양한 장면과 조건에서 나타나는 경험학습의 실제적 모습을 보여준다. 그래서 기업과 학교와 같이 삶을 영위하는데 필요한 경제적 재화를 획득하기 위해 속하는 조직의 맥락에서 구성원의 일원으로서 개인이 자신에게 요구되는 역할을 인식하고 조직 문화에 적응해가는 과정을 설명하고 있다. 개인의 노동활동이 수행되는 공간이라는 점에서 기업과 학교는 비슷하다. 그렇지만 조직이 추구하는 목적, 구성원의 노동활동의 성격, 조직에 내재되어 있는 문화적 가치나 규범 등에서 양자는 구분될 수 있다. 기업과 학교 조직의 구별되는 특징에 의해서 조직 현장에서 구성원들이 수행하는 경험학습은 어떤 모습으로 나타나는지 비교할 수 있을 것이다.

또한 개인적 특성에 따라서 생활 속에서 부딪히게 되는 도전과 문제를 자신의 삶의 조건에 통합하기 위한 시도들도 이야기한다. 노인으로서 사회적 약자의 삶을 살아가는 경험, 이주 노동자로서 자신의 문화와 구별되는 사회를 살아가는 경험, 그리고 장애아동의 부모라는 독특한 상황에서 적응해야 하는 경험을 통해서 각 개인들은 어떤 학습과정과 결과를 보이는지 이해하고자 한다. 이들에게 삶은 끊임없는 도전을 요구하는 환경으로 이루어져 있으며, 스스로 사회의 주류에서 벗어나 있는 존재로서 이러한 도전에 대응해가는 과정이다. 그 역동적인 과정에서 접하게 되는 이들의 독특한 경험이 어떤 학습의 양상으로 연결되는지 살펴볼 것이다.

••• 참고문헌

한숭희 (2009). 학습사회를 위한 평생교육론 (제3판). 서울: 학지사.

Jarvis, P. (2004). *Adult education and lifelong learning: Theory and practice (3rd ed.)*. New York: RoutledgeFalmer.

Kolb, D. A. (1984). *Experiential learning: Experience as the source of learning and development*. Englewood Cliffs, NJ: Prentice Hall.

Merriam, S. B., Caffarella, R. S., & Baumgartner, L. M. (2007). *Learning in adulthood (3rd ed.)*. San Francisco: Jossey-Bass.

Mezirow, J. (1990). How critical reflection triggers transformative learning. In J. Mezirow & Associates. *Fostering critical reflection in adulthood* (pp. 1-20). San Francisco: Jossey-Bass.

Mezirow, J. (1991). *Transformative dimensions of adult learning*. San Francisco: Jossey-Bass.

Schön, D. (1987). *Educating the reflective practitioner*. New York: Basic Books.

02

일터 경험을 통한 기업 구성원의 무형식학습

··· 이성엽(아주대학교 교수)

들어가면서

"뜨거운 사랑도 공부입니까?
그렇습니다.
진지한 토론도 공부입니다.
순수한 몰입도 공부입니다.
엉뚱한 도전도 공부입니다.
무모한 시도도 공부입니다.
그러다 실패해도 그것 역시 공부입니다.
공부만 공부가 아니라 세상을 움직이는 것은 다 공부입니다."

2008년 서강대 학교홍보문구를 보면서 가슴 끓어 오름을 느낀다. 우리는 알고 있다. 제도권 안의 학교에서 배우는 것 못지않게 다양한 경험과 체험을 통해서도 무엇인가를 배운다는 것을. 우리는 경험했다. 무엇인가에 도전하고 성취했을 때 또는 실패했을 때에도 내 마음속에서 어떤 깨달음이 올라오는 것을. 우리는 알고 있다. 학창시절 참가했던 보이스카웃이나 걸스카웃 활동에서, 동아리 모임에서, 교회나 절의 수련회에서 잊을 수 없는 삶의 지혜를 얻었다는 것을. 우리는 기억한다. 불면의 밤을 지새며 토론하고 또 토론했던 치열한 청순시절의 격정을 통해 내가 성장하고 발전해 왔다는 것을.

사실 배움은 우리가 인지하거나 실감하지 못할 뿐, 우리의 삶 주변에서 다양한 모습으로 빈번하게 일어나고 있다. 조금만 호흡을 가다듬고 차분히 돌아보면 우리는 우리 삶이 위대한 대학이라는 것을, 만나는 모든 사람이 나의 스승이 될 수 있다는 것을, 온 우주가 나의 깨달음과 성장을 위한 배움터라는 것을, 그리고 나의 모든 일상이 배움과 성장을 위한 학습활동이 될 수 있다는 것을 알 수 있다.

우리는 무엇인가 배우려고 할 때 무의식적으로 생각한다. '무엇을 배우는 것이 도움이 될까?', '어디에서 배우는 것이 좋을까?' 또는 '누구에게 배우는 것이 좋을까?'. 나도 모르게 생각하게 되는 것은 고전적인 교육의 3요소이다. 이는 어린 시절부터 지금까지 자연스럽게 우리몸에 체득된 전형적인 방법이다. 이런 전통적인 교육의 모습은 기업교육의 현장에서도 지배적인 패러다임이다. 기업에서의 인재육성은 생산성증대와 경쟁력강화를 위한 중요한 전략이자 경영활동이다. 변화하는 시대에 능동적으로 대응할 뿐만 아니라 시장에서의 주도적인 자리매김을 위해 기업교육의 중요성은 날로 중요해지고 있다. 하지만 기업교육의 모습은 가르치는 사람, 배우는 사람, 그리고 학습내용으로 구성된 교육의 3요소를 중요한 형식으로 갖추고 있는 형식학습(formal learning)의 틀을 크게 벗어나지 않고 있다. 그간의 기업교육 현장 역시 21세기의 사람들을 대상으로 20세기의 사람들이 19세기식 건물에서 무엇인가를 가르치고 배워오는 활동이 주된 모습이었던 것이다.

최근엔 기업현장에선 이러한 고전적 학습의 모습이 조금씩 변화하고 있다. 치열한 경쟁하에서 성장을 위한 자기계발의 노력은 치열해지고 있다. 많은 직장인들이 자신의 역량강화를 위해 부단한 노력을 하고 있다. 이는 신입사원부터 임원에 이르기까지 전방위적인 현상이다. 학습의 내용도 당장의 직무에 필요한 내용뿐만 아니라 미래를 위한 내용 또는 자신의 삶을 풍요롭게 하는 내용들로 가득하다. 특히 근로자들의 역할과 직무에 필요한 정보와 지식은 빠른 속도로 변화하고 있기에 기업의 교육부서에서는 적시에 필요한 교육을 제공한다는 것은 벅찬 이상일 뿐이다. 많은 근로자들은 스스로의 계발을 위해 조직에서 제공되는 교육에만 만족하지 않고 스스로 찾아가는 학습들을 하고 있다. 또한 자신이 하루하루 보내고 있는 일상의 활동을 통해 무엇인가를 배워나가고 있다. 경험적으로 직장인들은 연수원이라는 장소에서 준비된 내용을 가르치는 교수요원의 수업 이외에도 일을 통해서 무엇인가를 배운다는 것을 알고 실천하고 있다. 즉 무형식학습(informal learning)을 자연스럽게 실천하고 있는 것이다. 현장의 많은 직장인들은 몸소 부딪치는 현장경험만큼 좋은 배움이 없다고 이야기한다. 실제 최근 10여 년 사이에 축적된 연구 결과에 따르면 고전적인 형식학습의 모습을 갖추지 않은 실제의 상황에서 더 많은 학습이 일어난다고 한다. 한 연구결과에 따르면 직장에서 이루어지는 학습의 83%는 형식학습(formal learning)이 아닌 다른 방법으로 이루어진다고 한다. 또 직장인의 70% 이상이 공식적인 학습체계가 아닌 상태에서 무언가를 배우며, 새롭게 학습하는 것의 90%는 학교교실과 같은 형식학습 이외의 방법으로 일어난다는 보고도 있다. 과연 우리 직장인들은 어떻게 배우고 학습하고 있는가?

무형식학습의 개념

Watkins와 Marsick(1992)은 무형식학습을 "경험을 통한 학습에 기반하고, 조직 상황에 편입되고, 실천 지향적이고, 비일상적인 조건의 지배를 받고, 반드시 명시적으로 드러나야 하는 암묵적 특징을 다루고, 일의 특성, 문제가 구성되는 방식, 그 일을 수행하는 개인의 업무 능력에 따라 한계가 정해지고, 주도성, 비판적인 성찰, 창의성을 통해 증진되는 학습"이라 정의한다. 이를 토대로 기업에서 일어나는 무형식학습은 '기업현장에서 교육부서에서 기획하고 주관하여 교육하는 형식적 교육이 아닌 일터에서 근로자인 성인학습자가 스스로 수행하는 학습'이라 할 수 있다. 여기서 일터란 장소나 공간이라는 협의의 의미가 아니라 업무와 관련된(work-related) 학습, 일을 통한(through work) 학습을 말한다.

이러한 무형식학습이 효과적이라는 보고는 90년대 이후 꾸준히 되고 있다. 기업현장에서 직무와 관련하여 아는 것의 70%가 무형식학습을 알게된 것이라고 하며, 심지어 일터에서 학습하는 내용의 90%는 형식학습이 아닌 무형식학습의 결과라고 한다(conlon, 2004; Sorohan, 1993). 기업에서 구조화된 형식학습을 통해 배우는 것은 20% 정도밖에 되지 않으며 대부분은 무형식학습에서 이루어진다고 한다. 미국 메사츄세츠 주에 있는 EDC(Education Development Center)에서 보잉 사, 포드 사, 시멘스 사 및 모토롤라 등의 기업을 대상으로한 연구에서도 근로자들의 배우고 익힌 업무관련 지식의 70% 이상은 무형식 학습을 통한 것이라고 보고하고 있다(EDC, 1998).

특히 무형식학습이 효과성이라는 관점 외에도 형식학습에 비해 ROI 측면에서 상대적으로 매우 경쟁력이 있다는 측면에서의 논의(Conlon, 2004; Skule, 2004), 또는 실질적으로 근로자의 역량에 가장 중요한 암묵적 지식의 개발에 매우 유효하다는 논의(Packer & Sharrar, 2003)는 물론 무형식학습이 조직학습을 확산시키고 궁극적으로 경쟁력 강화를 위한 학습조직 구축에 유의미하다는 연구보고까지 나오고 있다(Dehnbostel & Dybowski, 2001).

무형식학습 논의의 교육학적 의의

그간 무형식학습과 관련된 논의의 대부분은 무형식학습의 효과성에 그 초점이 맞춰져 왔다. 사실 효과적이기 때문에 필요하다는 논리전개만이 치열한 경쟁하에 있는 현장의 기업교육담당자들에게 매력적인 도구가 된다. 기업교육은 경영의 연장이다. 교육이란 말이 함의하고 있는 숭고한 정신을 논하기엔 기업이란 현실은 녹녹치 않다. 기업교육은 기업내 사람을 선발하고, 배치하고, 육성하고, 평가한다는 인사프로세스의 한 축이기 때문이다. 여기서 기업교육의 목표는 철저히 직무에 대한 수행능력을 높이는 것이며 성과를 내는데 그 궁극의 목적이 있는 것이다. 그간 HRD의 주류이던 경영학의 관점에서 '인간'은 다른 자원들(resources)처럼 닦고, 조이고, 기름 치는 하나의 자원과 다르지 않았다. 경영학에서의 인간은 하나의 자원으로서 개발의 대상이었고 성과향상을 위해 그들의 역량을 키우는 것은 제품생산을 위한 원자재의 가공과 크게 차이나는 개념이 아니었다. 기업에서의 사람은 자원으로서 객체(object)였던 것이다.

전통적으로 자원(resource)이란 개념은 기업경영에서 자금, 토지, 건물, 기계설비, 자재 등 물질적 자원을 중심으로 재원(財源)의 의미로서 이해하여 왔으며, 이러한 재원은 부의 척도로서 이의 관리 및 증식이 경영의 중요한 목적으로 강조되어 왔다. 따라서 인적자원이란 사람, 즉 기업에서의 근로자 역시 하나의 재원으로 인식하여 관리하고 개발하여 수익 증대의 자원으로 보는 것이다. 이러한 인적자원의 개념은 크게 자산(asset)의 관점, 투자(investment)의 관점 그리고 경쟁력(competitiveness)의 관점으로 볼 수 있다. 이러한 개념을 전제로 하는 기업교육은 객체인 인간이란 자원을 어떻게 역량모델링(competency modeling)이라는 표준화된 목표값에 도달하는 평균적이고 객관화된 인재라는 제품으로 만들어 제공하느냐라는 미션을 중심으로 움직였다. 따라서 기업교육에서 조직 구성원 개개인의 특성, 자질, 가치관, 성향을 고려한 각자의 성장을 위한 개별화된 교육보다는, 표준화되고 객관화된 '인재상'이 우선시되는 목표가 된다. 당연히 이러한 환경에서의 교육 역시 일반화되고 표준화된 모습으로 제공되게 된다. 여기서 기업에서의 직원이란 이름의 사람은 철저히 교육의 대상이며 만들어져야 할 가공원료로 대접받는다. 이러한 패러다임서 사람은 철저한 대상이자 객체가 된다.

무형식학습의 논의가 더욱 의미 있는 것은 기업교육에서 객체라는 대상으로서의 인간을 배움의 주체로서 바라본다는 인식의 전환을 가져오는 개념이라는 점이다. 물론 기존의 무형식학습의 논의가 효과성에 초점을 맞추는 경영학적 패러다임 즉, 기능주의적 관점에 많은 부문을 기대고 있지만, 적어도 학습과 성장을 바라보는 패러다임적 측면에선 매우 교육학적이고 인간적이라 할 수 있다. 인간을 지구상의 생명체 중 가장 짧은 시간 지구를 정복한 동물로 표현한 '털 없는 원숭이'의 저자 데이몬드 모리스(D. Morris)는 인간의 가장 큰 특징은 바로 무엇인가를 흉내 내며 배울 수 있고, 스스로 창조해 낼 수 있는 능력으로 설명하고 있다. 사실 무엇인가를 배우는 것은 인간의 본성이다.

스스로 배운다는 것은 정답을 바로 찾는 것에 의미가 있는 것이 아니라 정답을 찾아가는 과정 그 자체에 있다. 문제를 풀어나가는 과정속에서 새로운 깨달음을 얻을 수 있기 때문이다. 인간은 이러한 학습이란 탐색의 여정에서 초기에는 예상치도 못했던 새로운 것들을 발견하게 된다. 문제를 통해 새로운 자신을 발견하기도 하고, 자신의 숨은 잠재능력을 깨닫게 되기도 한다. 문제안의 또 다른 문제를 발견함으로서 직무와 자신을 둘러싼 세상을 바라보는 시각이 넓어지기도 하고, 스스로 관찰하고, 흉내 내고, 따라 하고, 시도해 봄을 통해 새로운 관점을 가지게 되기도 한다. 준비되고 만들어진 과정이 아니라 마음이 부르는 여정을 통해 움직이면서 새로운 깨달음을 얻기도 하는 것이다. 이를 통해 자신의 정체성을 찾게 되기도 하고, 자신에게 소중한 가치를 발견하게 되기도 하고, 자신의 역량을 키워가기도 하는 것이다. 그리고 오랫동안 지치지 않는 자발적 동기부여의 힘도 이러한 여정을 통해 만들어 지는 것이다. 이는 결코 잘 외견상 정교하게 공학적으로 잘 만들어진 기업교육의 과정에선 쉽게 발견되어지는 결과가 아니다. 따라서 무형식학습의 논의는 직무수행능력 향상이라는 건조한 목표를 달성하기 위한 하나의 또 다른 방법이나 수단이 아니라 조직 구성원 개개인이 자발적으로 도전하고 경험하는 주체로서의 학습에 대한 논의를 한다는 점에서 의미가 있는 것이다.

무형식학습의 모습과 영향요인

기업현장에서 근로자 개개인이 주체가 되어 배워나가

는 무형식학습은 어떠한 모습으로 일어나는가? 직장인들이 일터에서 새로운 지식을 습득하고, 업무의 숙련도를 높이며, 새로운 경험을 통해 무엇인가를 배워나가는 무형식학습의 여정은 암묵적 과정(tacit process)을 수반한다. 이는 명쾌한 교육목표와 눈에 보이는 형식지들로 구성되어 조직에서 제공되는 형식학습(formal learning)과는 대비되는 것이다. 예컨대 조직인으로서 자신이 몸담은 기업의 문화를 습득해 간다는 것은 외견상 잘 드러나지 않는 학습모습이다. 또한 무형식학습은 현장방문, 고객과의 접촉, 실패의 체험, 누군가의 모방, 일터에서의 질문과 피드백 등 일회성 사건을 통해 무엇인가를 배우게 되는 경우도 있지만, 많은 경우 일정한 시간의 경과를 통해 경험과 생각이 축적되어 학습으로 전이되는 하나의 과정이기도 하다. 예를 들면 고객 또는 상사 등 타인관의 관계 맺음을 통한 배움, 일련의 경험의 반복적인 체험을 통한 경험의 축적과 그에 따른 성찰을 통한 깨달음 등이 그러한데, 이는 잘 만들어진 형식학습에서 제공하는 정보나 지식을 정답으로 입력하는 것이 아니라, 만지고 보듬고 생각하며 정리해나가는 일련의 과정이기 때문이다.

그간 해외에서의 무형식학습의 모습에 대한 연구는 동료나 선배와의 대화, 일상의 삶 속에서 누군가로부터 받는 코칭, 회의의 참석, 고객과의 접촉 등 다양한 생활의 모습으로 나타난다. 또 경험 많은 선배의 일처리 방법을 관찰하거나 그들을 흉내 내는 활동, 직접 혹은 간접적인 성취의 체험 또는 실패의 체험, 전례없는 새로운 업무를 담당하는 것 등 역시 좋은 무형식학습의 모습으로 발견되고 있다. 국내기업의 경우 일터라는 현장에서의 무형식학습에 대한 연구는 양적으로 미흡한 편이지만 A 은행을 중심으로 한 이성엽의 연구(2009a; 2009b, 2008)를 보면 다음과 같음 모습을 발견할 수 있다.

••• 가슴 벅찬 체험

수개월간 기업의 연수원에서 형식학습을 받았던 신입사원들은 놀랍게도 그들이 연수원에서 배운 수업은 의미없었다고 한다. 오히려 현장에 배치되어 직접 부딪치면서 더 많은 것을 배웠다고 한다. 이는 그들에게 제공된 교육의 모습에도 문제가 있다고 볼 수 있지만 근본적으로 직접적인 체험의 중요성을 깨닫게 한다. 학습이란 것은 뇌과학 또는 생리학적인 측면에서의 효과 보다는 체험 자체가 하나의 실존적인 철학적 의미를 지니기 때문이다. 실제적인 자신의 체험은 자신이 가지고 있는 지식과 그간 준비한 역량의 가치를 스스로 느껴보는 과정이 되며, 체험을 통해 학습한다는 것은 스스로 필터(filter)가 되어 근본적인 문제와 접촉함을 통해 무엇인가를 배우게 되는 실존적인 활동이기 때문이다. 기업현장에서의 성인학습자들은 직접 경험하고 스스로 확인한 것에 대해 심리적 안정감을 느끼고 나아가 성취라는 뿌듯함을 느끼는 모습을 보였다. 따라서 이들에게 실수도 지나고 나면 교육적 교훈이 있는 배움으로 자리매김함을 알 수 있었다.

이러한 체험의 효과는 경력사원들에게도 좋은 학습방법이었다. 이들에게 체험을 통한 학습은 예측하지 못한 상황에서 일어나거나 일상적이지 않은 것으로 인식되는 상황에 직면할 때 더욱 효과적이다. 기업에서의 무형식학습은 일상적으로 통용되는 방법이 더 이상 통하지 않는 새로운 상황에서 학습자 개인이 가진 전제나 지식을 성찰(reflection)함으로써 이루어진다고 한다. 이성엽(2009a)의 연구를 보면 기업조직에서 선례가 없는 일을 체험하는 것은 그 일을 수행하는 자체가 하나의 좋은 학습이 됨을 발견할 수 있다. 또한 기업내 구성원들은 스스로 벅차게 느껴지는 업무를 담당하는 경험을 통해 새로운 학습을 하는 경험을 하는 것으로 나타났다.

또한 근로자 개인이 처한 직무상황은 무형식학습을 촉진시키는 중요한 요소로 발견되었다(이성엽, 2009b). 기존에 익숙한 일에서 벗어나 새로운 업무를 경험할 수 있는 상황에서 무형식학습의 발생빈도는 더욱 높았다. 그 외에도 '좀 더 다양하고 많은 업무를 동시에 처리해야 하는 상황', '자신의 역량보다 조금더 어려운 업무를 수행해야 하는 상황', '다른 사람들과 어울려 공동의 과제를 수행해야 하는 상황'은 일터에서의 체험을 통해 새로운 배움을 일으키는 좋은 환경적 요소가 되다.

••• 관찰하고, 비교하고, 흉내 내기

기업에서의 근로자들은 함께 근무하는 동료를 통해 무엇인가를 배워나가는 모습을 보였다. 조직에 처음 들어온 사람들은 주변의 모든 선배의 일거수일투족이 학습거리다. 연수원이란 장소에서 형식교육(formal education)을 통해 형식화된 정보, 지식 그리고 프로세스는 인지하고 있다손 치더라도 기업에서 바라는 구성원들의 역량은 발휘능력을 생각해보면 그저 담아두고 있기만 하는 보유능력과의 차이는 생각보다 쉽게 좁혀지지 않는다. 이럴 때 주변의 베테랑 등의 일처리 모습은 하나의 살아 있는 교과서가 된다. 그들은 동료를 관찰하고 흉내 내며 보유능력과 발휘능력의 격차를 줄여간다. 여기서 관찰대상은 단순히 동료들이 수행하는 일처리라는 발현모습만은 아니다. 단지 바라보는 것이 아니라 학습과 성장이라는 동기(motivation)를 가지고 주의(attention)해서 바라보는 여정이다. 학습자는 자신의 둘러싼 여러 사건들을 열정적 시각을 가지고 주도적으로 바라볼 때 새로운 학습의 경험을 하는 것이다. 이는 방관자로서의 관조적 관찰과는 다른 것이다. 관찰로서 무형식학습이 일어나게 하는 조건으로서의 열정에는 알고 싶다는 갈망, 지적 호기심, 성장하고자 하는 욕구 등이 자연스럽게 담겨져 있다. 소위 폴라니(Polanyi)가 이야기하는 '발견의 열정(heuristic passion)'이 전제될 때 학습으로서의 관찰이 완성되는 것이다.

••• 열린의사소통 : 대화

무형식학습의 연구에서 가장 많은 학습의 방법으로 거론되고 있는 것이 '대화'라는 의사소통이다(Conlon, 2004; Moran, 2003; Graham & Chivers, 2001; Marsick & Watkins, 1999; 이성엽, 2009a). 일터에서는 끊임없는 의사소통이 일어난다. 이러한 의사소통은 직무상 필요한 전달 또는 명령의 일환이기도 하고, 팀 작업을 위한 정보의 공유이기도 하며, 일상생활의 한 부문으로서의 모습을 띠기도 한다. 가르치는 자와 배우는 자의 구분이 확실한 기업교육의 형식학습(formal learning)의 장과는 달리 기업의 현장에서는 가르치는 자와 배우는 자의 구분이 명확하지 않다. 모두가 업무수행이라는 과제하에서 자신의 역할을 하는 것이다. 이러한 일터에서 일어나는 다양한 종류의 의사소통은 기업 구성원들에게 매우 효율적이면서도 효과적인 학습의 방법이다.

의사소통의 내용과 방식은 그것이 직무관련 된 대화이든 직무과 관련 없는 대화이든 교육적 의미를 발견할 수 있는 활동이었다. 일처리라는 직접적인 직무와 관련된 선배와의 대화는 후배들에게 매우 유익한 수업이 된다. 하지만 직접적인 직무와 관련없는 일상의 대화도 매우 좋은 학습의 방법으로 발견된다. 예컨대 조직의 익숙치 않은 신입직원들은 그저 선배들이 하는 다양한 스토리텔링을 통해 자신이 속한 조직의 문화를 직간접적으로 흡수

한다. 이러한 대화가 직무 중이건 직무 외의 시간에 일어나건 중요치 않았다. 인간의 삶에서 가장 근원적인 앎이란 '존재에 대한 이해'로서 대화가 가장 중요하다고 강조한 한스 게오르크 가다머(Hans Georg Gadamer)의 논의가 멋있게 들어맞는 상황이 바로 기업에서의 대화를 통한 무형식학습이다. 이들은 가슴을 열고 대화할수록 더욱 교육적 상황을 자연스럽게 연출하게 되며 그 안에서 많은 배움이 일어남을 고백하고 있다.

일터에서 일을 하는 것은 개인이 담당하는 직무의 수행만으로 완벽하게 끝낼 수는 없다. 조직이라는 일터에서 끊임없이 타인과 부대끼며 만들어나가는 눈에 보이지 않는 공동의 작업이 수없이 존재한다. 조직 내 상사에겐 후배나 부하를 성장시키고 개발(development)할 역할이 주어지긴 하지만 그 실천이 형식학습의 모습으로 진행되지는 않는다. 기업이라는 일터에서의 학습은 생활 속에서 부대끼며 빈번한 상호작용을 통해 일어난다. 조직에서 필요한 인재는 단 한 번의 채용으로 끝날 수 없고, 연수원에서의 교육으로 창조될 수 없다. 조직의 일원으로서 끊임없는 상호작용을 위해 서서히 만들어지는 것이다. 조직의 일원이 되는 사회화의 과정과 해당분야의 전문가가 되는 과정은 기능적, 형식적 학습으로 이루어지는 것이 아니라 조직 내 의미 있는 타인들과의 꾸준한 상호작용을 통해 이루어지는 것이며 그러한 수련의 과정을 통해 체화된 지식만이 인격적 지식(personal knowledge)이 되는 것이다.

이러한 무형식학습으로서의 의사소통의 과정은 기업현장에선 최근 다양한 모습으로 나타나고 있다. 특히 정보통신의 발달로 이메일은 물론 핸드폰 문자소통도 좋은 공부방법이 된다. 이는 일처리하는 방법에 대한 소통이 아니라 존재와 존재의 만남의 연결고리가 된다. 따라서 이메일, 핸드폰문자메시지, 메신저 등을 활용하는 디지털 경영환경은 이제 새로운 의사소통 수단이 아니라 없어서는 안되는 중요한 의사소통의 수단이자 학습의 경로로 자리잡고 있다.

••• 상호 신뢰와 존중

대화를 통한 무형식학습으로서의 교육적 관계가 맺어짐을 위해선 몇 가지가 전제된다. 먼저 배우는 자는 배움에 필요한 태도를 취하고 배우겠다는 의도를 가지고 자신의 일에 매진하는 의도적 노력을 해야 하며, 일터에서 자연스럽게 교수자의 역할을 하는 선배의 입장에선 자신의 일에 매진하는 가운데 상대에게 배움을 조력하고 지원하고자 하는 상호관계맺음이 중요하다. 한마디로 이들 사이에 교육적 관계맺음과 유지가 그 기저에 깔려 있어야 한다. 실제 기업에서의 무형식학습의 영향요인을 연구한 이성엽의 연구(2009b)에선 대인관계적 요인이 무형식학습의 성패를 좌우하는 중요한 요소로 논의되고 있다. 그에 따르면 현실적인 측면에서 더 경험있고 우호적인 동료사이에서 근무할 때 더욱 학습은 잘 일어난다. 동료들과 인격적 만남이 지속되는 순간 발생되는 모든 상호 작용과 활동은 그 자체만으로도 훌륭한 학습거리가 된다. 단 한 명과의 마음과 마음이 통하는 만남을 통해 모든 것을 열고 받아들일 수 있는 상황이 되기도 한다. 또한 조직 내 마음으로 따를 수 있는 멘토가 존재하는 경우 일에 대한 몰입은 물론 일 자체가 좋은 학습의 테마가 될 수 있다.

무형식학습이 타인과의 교류를 통해 이루어질 땐 이처럼 교감을 전제로 한다. 여기서 교감이란 독립된 자아가 만나 경험을 공유하는 상태, 각자의 고유성을 잃지 않는 상태, 서로에게 흡수되지 않는 상태를 말한다. 교감이 중요한 이유는 자아의 내적 성장은 자신의 자아를 타인에게 드러내 보인다는 깨달음 속에서 이루어지는 것이기 때문이다. 따라서 기업현장에서 상호 간을 통해 배움이 일어나기 위해서는 서로가 자신을 충분히 열어 보일 수 있어야 한다. 상호 간의 열어놓음이 전제되지 않는다면 이는 곧 교감없음의 상태로 전이될 수 있기 때문이다. 교감이 없이 일방적인 개인의 이야기(oneway communication)나 신뢰가 기반된 대화(dialog)가 아닌 회화(conversation)는 진정한 학습이 일어나게 하지는 않는다. 서로 상대의 권위를 존중하고 신뢰하는 태도를 지닐 수 있어야 양자 간에 '교육적 관계'가 들어설 수 있다. 따라서 타인과의 교류를 통한 무형식학습은 상호 존중과 신뢰라는 존재론적 만남의 선행을 필요로 한다.

상호존중과 신뢰는 무형식학습을 더욱 촉진시킬 수 있는 일터의 분위기와 환경의 핵심적인 요소다. 질문 친화적인 환경, 자유로운 대화를 나눌 수 있는 환경, 서로를 인정하고 격려하는 분위기 속에서 무형식학습은 자연스럽게 발생되고 촉진된다. 따라서 위계구조인 기업조직에서 부점장의 리더십 스타일도 무형식학습에 영향을 미치는 중요한 요인이 된다.

••• 개인의 학습의지

기존의 무형식학습의 몇몇 연구들은 학습에 대한 의도와 의지를 무형식학습의 중요한 요소로 본다. 무형식학습은 계획적이든 아니든 학습자는 학습이 일어나는 것에 대해 어느 정도 의식적인 자각을 갖고 있다고 본다. 반면, 학습에 대한 의도가 선행되지 않고, 면밀히 계획되지 않은 상태에서의 학습은 우연학습으로 구분하기도 한다(Conlon, 2004; Thomas, 2004; Moran, 2003). 학습자의 의도성과 비의도성을 명확히 구분하기 어렵다는 비판과 너무나도 형식적인 구분이라는 비판이 존재하기도 하지만(Contu et al., 2003), 이성엽의 연구(2009b)에선 의지와 의도라는 개인적인 요소가 무형식학습을 촉진시키는 영향요소로 발견된다.

일터에서의 하루하루를 주도적이고 적극적인 자신감 있는 태도로 보낼수록 학습의 기회는 늘어난다. 적극적으로 도전하고, 새로운 일에 뛰어드는 것 자체가 일터를 또 다른 학습의 장으로 만드는 원동력이다. 개인의 뚜렷한 목표의식도 직무에 대한 몰입도를 높이는 것으로 나타났다. 또한 과거 일을 통해 무엇인가를 새롭게 배우게 된 성공경험은 새로운 일에 대한 도전에 있어 배울 수 있는 의욕을 불러일으키는 또 다른 요인으로 발견되었다.

••• 반성적 성찰 : 경험의 자기개념화

일터에서 일어나는 다양한 모습의 무형식학습은 외견상 그 존재양식만으로는 구분하기가 어렵다. 같은 장소, 같은 시간에 같은 상황에 처한 경우라 하더라도 근로자의 각자의 상황과 대응방법에 따라 배움은 존재할 수도 존재하지 않을 수도 있기 때문이다. 일반적인 기업 내 연수에서 시행되는 교수자의 교수내용은 보편화, 객관화, 일반화를 추구하고 거시적 관점에서 바라본다. 형식교육에 참가하는 기업 내 성인학습자는 여기서 개개인의 존재로서가 아니라 평균적 학생의 입장이 된다. 따라서 학습자 한 사람 한 사람의 구체적 체험의 세계는 접근이 되지 못하고 일반화된 경험의 범주만이 관심의 대상이 된다. 이는 일터에서의 형식학습의 한계가 되기도 한다. 반면 무형식학습은 학습주체로서 자율적이고 독립적인 개인의 역량과 특질을 강조하고 형식학습보다 훨씬 광범위한 분야와 영역에서 발생하는 학습활동을 포함하고 있다.

무형식학습을 실천하는 개별근로자의 학습은 겉으로는 사무실에서 서류를 정리하거나 동료와 대화를 나누는 등의 일상적인 업무처리의 프로세스를 밟는 것처럼 보이나 어떠한 형태의 일상활동이든 그 이후엔 자신의 행위를 반추해보고 거기서 시사점을 발견하고 자신의 스타일에 맞게 적용해나가는 자기주도적 학습의 모습을 보인다. 개개인들은 학습활동이 일어나는 실전에서의 상황에서 성공이든 실패든 주체성을 가지고 일처리를 하며, 이후 일어난 일을 성찰하고 나름대로 자기개념화하는 과정을 거친다. 이러한 성찰이라는 자기개념화의 과정은 심지어 타인의 성공 또는 실패경험까지 자신의 경험으로 삼는 지혜를 발휘한다(이성엽, 2009a; 2009b; 2008). 무형식학습의 자기개념화는 일터에서의 성공 또는 실패의 다양한 경험을 교육적 의미로 전이시키는 중요한 역할을 한다. 그 어떤 체험도 자기 나름대로의 정의내림 없이는 의미 없는 경험일 뿐이다.

나가면서

그간 국내 기업교육을 둘러싼 학문적 논의는 형식학습을 전제로 진행 되어 왔다. 암묵적으로 무형식학습의 존재를 부정하진 않았지만 그 가치와 의미를 고려할 땐 전무하다 해도 과언이 아니다. 이미 기업교육의 제도에선 무형식학습의 지혜를 형식학습화 해서 학습을 촉진시키는 시도는 오래전부터 있어 왔다. 구조화된 OJT, 구조화된 멘토링제도, 구조화된 학습조직구축이 그러한 예라 할 수 있다. 학문적 관점에서도 무형식학습은 성인학습이론, 구성주의, 자기주도학습이라는 명제와 함께 검토되고 논의 도어야 할 부문이 많이 있다. 이러한 관심과 노력은 기업현장에서도 마찬가지로 요구되어 진다.

특히 무형식학습이 근로자가 일상의 삶을 영위하는 일터에서 발생되고 수행되는 것이라면, 또한 무형식학습의 대부분이 일터에서의 타인과의 다양한 교류를 통해 일어나는 것이라면 무형식학습의 방법론은 물론 그 중요성은 중요한 경영활동의 하나로 새롭게 자리매김해야 할 필요가 있어 보인다. 조직 내 리더의 직위에 있는 직원들은 자신의 리더십 발휘의 영역을 함께 하는 구성원들의 무형식학습 촉진이라는 부야까지 넓힐 필요가 있어보인다.

기업내 성인들은 사회적인 존재로서 자신이 속한 조직내에서 그들은 공동의 이익과 관심사를 목적에 두고 학습하는 것이다. 각자의 지향하는 바가 다르더라도 소속한 학습의 환경이 같고 소속한 집단의 비전이나 존재사유가 다르지 않기 때문에 이러한 기업조직 내 성인들의 학습의 연대 맺음을 등한시할 수 없다. 그것이 바로 개인학습이 조직학습화되고, 궁극적으로 학습조직화되는 방향이기 때문에 그러하다. 직장 내 상사, 동료, 후배 모두가 교수자가 될 수 있다. 이들이 상호 교수자기 되어 진정성 있는 학습이 이루어지게 하기 위해서는 실존적 만남이 이루어지고 현상학적 대화가 이루어질 수 있는 토대가 필요하다. 이는 조직현장의 리더의 몫이다.

교육적 관점에서 기업조직에서 의사소통의 중요성과 의미를 새롭게 정의내릴 필요가 있다. 기업조직에서의 의사소통은 직무수행을 위한 단순한 정보의 이동을 목적 이외에도 대화를 통해 후진을 양성하고, 조직의 암묵지를 전수하며, 나아가 서로 시너지를 낼 수 있는 신뢰 넘치는 일터 만들기의 가장 중요한 전제가 된다. 또한 신뢰 넘치고 열린 의사소통은 일터 자체를 훌륭한 학습의 장으로 만드는 촉진제가 된다. 이러한 것이 공유될 때 상대방을 설득시키는 것이 목표가 아니라 나와 너를 가리지 않고 더 나은 견해를 찾아내는 것이 목표가 되며, 서로에게 혼잣말하는 사이비대화가 아니라 서로에게 능동적으로 대응하는 참된 대화가 되는 것이다. 이러한 대화문화는 무형식학습 활성화를 위한 중요한 토대가 된다.

기업 내 성인들은 직장생활은 하면서 나름대로 많은 경험을 통해 보이지 않는 암묵지를 가지고 있다. 이러한 암묵지가 학습을 통해 형식지가 되고 나눠지는 것은 각자의 역할이며, 그것 자체가 하나의 학습활동이다. 자신의 경험을 통해 깨닫고 이를 통해 학습을 하게 되는 선순환의 성장을 하는 자기주도학습의 습관을 만들기 위해서 리더는 함께 하는 구성원들이 스스로 체험하고 그 체험을 돌아볼 수 있는 기회와 환경을 만들어 주어야 한다. 또한 리더들은 조직구성원인 학습자에게 의미 있는 교육경험을 창출해야 한다. 성공적인 사례를 통해서뿐만 아니라 실패를 통해서도 배울 수 있는 기회를 만들어야 한다. 이를 위해 다양한 견해와 사례를 제시하여 학습자가 스스로 문제를 해결할 수 있도록 지원해야 한다. 또한 학습자인 근로자 개기인도 스스로 자기주도적으로 학습하겠다는 목표를 세울 필요가 있다. 그리고 일체의 선입견을 버린 '판단중지(epoche)'의 상태에서 새로운 업무에 도전할 필요가 있다.

••• 참고문헌

김한별(2006). 무형식 학습의 이해. 평생교육학연구 12권 2호, 25-43.

이성엽(2009a). 무형식 학습에 영향을 미치는 요인에 대한 연구. 한국교육학연구 제15권 1호, 133-185

이성엽(2009b). 무형식학습의 방법에 대한 사례연구. 인력개발연구 11(1), 1-51

이성엽(2008). 은행신입사원들의 무형식학습에 대한 사례연구. 한국교육학연구 제14권 1호, 271-299

한숭희(1997). 무형식 학습과정과 대중문화. 교육원리연구2(1). 246-271

Conlon. T. J. (2004). "A review of informal learning literature, theory, and implications for pract." Journal of European Industrial Training 28(2-3):283-295.

Cseh, M., Watkins, K. and Marsick, V. (1998). "Informal and incidental learning in the workplace", in Torraco, R. (Ed.), Proceedings of the Annual Conference of the Academy of Human Resource Development, Academy of Human Resource Development, Baton Rouge, LA.

Cseh, M., Watkins, K. and Marsick, V. (1999). "Reconceptualizeing Marsick and Watkins' model of informal and incidental learning in the workplace", in Kuchinke, K.P.(Ed.), Proceedings, Academy of Human Resource Development Conference, Vol. 1, Academy of Human Resource Development, Baton Rouge, La, p.349

Dehnbostel, P. and Dybowski, G. (2001). 'Company based learning in the context of new forms of learning and differentiated training paths'. In P. Descy and M. Tessaring(eds). Training in Europe. Second report on vocational training research in Europe 2000. Backgroud report. Vol 1. CEDEFOP

Education Development Center(1998). The teaching firm: where productive work and learning converge. MA: Center for Workforce Development.

Edwards, R. and Usher, R. (2001). "Lifelong learning: a postmodern condition of education?", Adult Education Quarterly, Bol. 51 No. 4, pp.273-287

Eraut, M. (2004). Transfer of knowledge between education and workplace setting, in: H. Rainbird, A. Fuller & H. Munro (Eds) Workplace learning in context(London, Routledge), 201-221.

Graham Cheetham & Geoff Chivers. (2001). Number 5 How professionals learn in practice_ an investigation of informal learning amongst people working in professions, Journal of European Industrial Training. 25(5)

Hanstock, R.(2004). Sefl-directed informal learning: A case study. Australian Journal of Adult Learning

Marsick, V. J. & Watkins K. E.(2001). Informal and incidental learning. in Merrian, S.(ed) The new update on adult learning theory. 89: 25-34

Marsick, V. and Volpe, F. (Eds) (1999). "Informal learning on the job", Advances in Developing Human Resources, Bol. 3, Berrett-Koehler, San Francisco, CA.

Marsick, V. and Watkins, K. (1997). "Lessons from informal and incidental learning:, in Burgoyne, J. and Reynolds, M.(Eds), Management Learning: Intergrating Perspectives in Theory and Practice, Sage, Thousand Oaks, CA, pp.295-311

Marsick, V. J. & Watkins, K. E.(1992). Informal and incidental learning. In Merrian, S.(ed). The new update on adult learning theory. 89.25-34. San Francisco: Jossery-Bass

Michael Eraut.(2004). Informal learning in the workplace. Studies in Continuing Education. Vol. 26, NO.2 July 2004

Moran, L. (2003). A case study of informal learning among production team workers. Unpublished doctoral dissertation. Columbia University.

Sherry His, Kevin Crowley, Richard Duschl, CHe Leta Finke, Heather King & Nora Sabelli(2004). Models of Learning and Theories of Practice for Informal Learning Environment. International Conference of The Learning Sciences. 6:12-15

Short, D. and Yorks, L., (2002). "Analyzing training from an emotions perspective", Advances in Developing Human Resources, Vol. 4 No. 1, pp.80-96

Smith, P. J. (2003). Workplace Learning and Flexible Delivery. Review of Educational Research, 73(1) 53-88.

Sveinung Skule. (2004). Learning conditions at work: a framework to understand and assess informal learning in the workplace. International Journal of Training and Development Vol.8 NO.1 pp.8-20

Svensson, L., Ellstrom, P., and Aberg, C. (2004). Integrating formal and informal learning at work. Journal of Workplace Learning 16(7/8). 479-491.

Thomas J. Conlon. (2004). A review of informal learning literature, theory and implications for practice in developing global professional competence. Journal of Europeanindustrial training. 28(2-3):283-295

정치적 능력 향상을 위한 이주노동자의 경험학습

이로미(경인여자대학 교양과 교수)

자국이 아닌 타국에서 삶을 이어가고 있는 이주노동자는 평생학습자인가? 이 글에서 제시하고 있는 결론부터 이야기하면 이주노동자는 국가 중심 평생학습 패러다임에서 소외되어 온 '색다른' 평생학습자이다. 타국으로의 이주로 인해 국민주권을 강조하는 시민권의 틀 안에서 인권을 비롯한 각종 권리의 경계가 모호해지고 축소되어진 이주노동자의 학습권에 대한 논의는 거의 찾아보기 힘들다. 그러나 이들은 어려움 속에서도 다양한 방면으로 자신의 능력을 신장시키고 행복한 삶을 준비하기 위한 학습을 수행하고 있다. 주어진 각종 권리를 찾고, 알고, 행사하며 더 나아가서 주어진 권리를 확장시킬 목적으로 참여하는 다양한 활동은 분명 이들이 참여하고 있는 평생학습의 한 영역이다. 이 글은 이주노동자 학습의 영역 중 하나인 정치적 능력 향상을 위한 학습의 사례를 통해 이들의 학습이 현재의 평생교육 현장에서 소외되고 있음을 지적하고 이들의 학습지원을 위한 성인교육자들의 역할을 제언하고자 한다.

이 글은 다음의 순서로 이루어진다. 우선 평생학습자로서의 이주노동자의 개념을 논의한다. 다음으로 주어진 사회적 여건을 그대로 받아들이기보다는 질문하고 변화를 가져오려고 노력하는 학습자들을 지원하는 이론인 비판적 교육학(critical pedagogy)과 페미니스트 교육학(feminist pedagogy)이 이주노동자들의 정치적 능력을 신장하기 위한 학습을 이론적으로 설명할 수 있는 틀이 됨을 밝힌다.

다음으로는 이주노동자 경험학습의 한 사례로서 이들의 정치적 능력 신장에 관련된 학습의 종류와 사례를 살펴보고, 마지막으로 이주노동자와 같이 불균형한 힘의 맥락에 놓여있는 '색다른' 학습자들을 지원하는 성인교육자들의 역할을 제언한다.

이주노동자 : 색다른 평생학습자

이주는 인류의 역사와 함께 시작하여 꾸준히 지속되어 온, 그리고 현재 가속화하고 있는 세계적 현상이다. 국제이주기구(International Organization of Migration)에 따르면 전 세계의 이주자는 약 1억 9천만 명으로 추산되며, 이는 전 세계 인구의 3% 정도이지만 지난 35년 동안 배 이상 증가한 수치이다. 그리고 이들 중 60% 이상이 소위 '선진국'에 거주함으로 이들 국가에서는 열 명 중 한 명이 이주노동자라고 볼 수 있다(International Organization of Migration, 2005).

한 국가에 유입되는 이주노동자는 크게 고숙련 노동자와 저숙련 노동자로 구분할 수 있다. 그러나 높은 수준의 기술을 가지고 타국에 유입되는 노동자는 국제규약의 정의상으로는 이주노동자임이 분명하지만 현실적으로는 이들을 그렇게 부르지 않는다. 대기업의 연구소에서 일하는 외국인 인력이나 해외 상사에 파견되어 있는 주재원 등을 이주노동자로 부르지 않는 것이 대표적인 예이다. 따라서 보편적으로 유입국에서 이주노동자로 불리는 사람들은 주로 자국에서의 경제적 기회가 적어서 해외로 일을 떠나고 한시적으로 체류하면서 주로 유입국의 국민들이 기피하는 노동에 종사하는 사람이다. 유입국 입장에서는 짧게는 1, 2년, 길게는 4, 5년 정도로 '잠시' 일하다가 자국으로 돌아가는 사람들로 느껴지지만, 이주노동자 입장에서는 한번 이주노동자가 되면 다시 자국에 귀환하여 정착하기는 쉽지 않다고 한다. 이주노동을 떠나 올 때 지불했던 비용을 갚고도 넉넉히 남을 만큼 많은 돈을 버는 경우가 극히 드물고, 장기간의 힘겨운 해외생활 끝에 자국에 돌아가기도 어려운 경우가 많다고 한다(설동훈, 1999). 그래서 이주노동자는 계속하여 외국으로 일자리를 떠돌며 영원히 이주노동자가 되는 경우가 많다. 자국을 떠나 타국에서 생활해 본 적이 있는 사람들은, 아니 고향을 떠나 타향살이를 해 본 경험이 있는 사람들까지 합한다면 대다수의 사람들이 이주노동자가 겪는 어려움을 십분 이해할 것이다.

이주노동은 식민주의 또는 제국주의와 깊은 연관이 있다. 식민지의 사람들은 노예나 단순 노동자로 점령국에서 힘든 노동을 수행하면서 자신들의 터전을 닦아 나갔고, 그 결과 이들의 후손이 현재 상당부분 과거 조상들의 이주노동국이었던 국가에서 살아가고 있는 것을 볼 수 있다. 세계화 또는 전지구화(globalization)로 불리는 대규모 변화가 편재해 있는 현재, 과거보다 물자와 인력이 훨씬 쉽게 국가 간 경계를 넘어 이동하므로(Ohmae, 1991) 이주노동이 더욱 빈번하게 일어나지만, 그 한편으로는 많은 유입국들이 이주노동자의 영구적 정착을 막기 위한 엄정하고 다양한 조치를 마련해 놓고 있다. 그 조치 중 가장 핵심적인 부분이 이주노동자의 권리를 제한하는 것이다. 가족을 동반하여 생활하는 것이 금지되어 있고, 일터를 마음대로 옮길 수도 없다. 입국사증에 쓰여 있는 거주기간을 조금이라도 넘기면 즉시 단속과 추방의 대상이 되는 것은 물론이다.

이주노동자들이 그들이 노동을 수행하고 있는 유입국에서 국민에 비해 권리가 적은 것은 어쩌면 '상식적' 수준에서 어렵지 않게 이해될 수도 있다. 즉, 더 많은 돈을 벌 수 있다는 생각에 개인적으로 국경을 넘은 이방인들에게 국민이 누리는 권리를 대부분 허용한다는 것이 타당성이 떨어진다는 생각이다. 그러나 이주노동자들이 어떤 전지구적 기제에 의해 이동하는가에 관한 여러 학자들의 주장을 듣고 나면 이들을 단순히 개인적인 목적으로 국경을 넘은 사람들로만 간주하는 것이 성급한 생각으로 느껴질 수도 있다. 이주노동자들의 유입국 이동을 다루어 온 상당수의 연구들은 거대한 세계 체제 안에서 주변부 국가의 가난한 노동자들이 자본의 중심부 국가로 이동하는 기제가 작동하고 있음을 제시하였다(Sassen, 1988; Castles & Miller, 1993; 설동훈, 1999). 이 기제 안에는 이주노동자의 가난한 자국이 외화를 벌어올 수 있는 자국 인력들을 밀어내는(push) 힘과 국민들이 일하기를 꺼려하는 일정 산업 영역에 한시적으로 외국인을 받아들여 일자리를 채우고자 하는 유입국의 끌어당기는(pull) 힘이 작용한다. 즉, 이주노동자 개개인은 지극히 개인적인 경제적 상황(가난) 때문에 이주의 결심을 하고 이를 실행에 옮기지만, 이는 자본주의의 변방에 있는 국가들에서 상시적으로 볼 수 있는 상황이고, 이들이 이동하는 국가들은 대체로 자본주의의 중심부에 위치한 국가들로서 이주노동자들로 인해 자국 산업의 공백을 메우며 이익을 발생시키므로 이주노동자들은 '가장 개인적인 것이 가장 정치적인' 상황이 되는 전 지구적 세계－지역 간 긴장(global-local tension)을 온몸으로 경험하고 있는 사람들이라는 설명이 가능하게 된다(Castles & Miller, 1993; Castles, 2000).

끊임없는 이주노동의 삶에서 이주노동자들은 어떤 학습을 수행하는가? 이들이 평생학습자라는 것이 선뜻 다가오지 않는다면 그 이유는 타국에서 빨리, 그리고 많이 돈을 벌어야 하는 목적으로 살고 있는 이주노동자에게 학습은 관심 밖에 있거나 현실과 거리가 먼 '사치'라고 느껴지기 때문일 수 있다. 또한 이들을 '학습자'라고 생각하기에는 이들이 유입국의 언어를 배우는 것 외에 별다른 분야가 쉽게 떠오르지 않을 수도 있다. 많은 이들에게 '이주노동자의 학습'이라고 하면 야근이나 잔업이 계속되는 피곤한 와중에도 시민단체에서 개설한 교실에 나와 한국어를 열심히 공부하고 있는 짙은 피부색의 노동자들이 제일 먼저 연상되는 것은 그 때문일 것이다.

또한 이들은 국민 대우를 받을 수 있는 모국을 떠난 이상 학습에 관한 권리, 즉 학습권을 주장하기도 어려운 상황에 있다. 국민의 권리로 생각되는 학습권을 보장해 주어야 할 이들의 모국은 먼 거리에 있을 뿐만 아니라 실질적으로 이들의 기본적인 인권마저도 지켜주기 힘든 상황에 있다. 이런 상황은 이주노동자들의 유입국도 마찬가지이다. 이주노동자의 학습은 유입국에서 관심을 가질 만한 사항이 못된다. 오히려 이주노동자들은 학습권을 가진 국민에게 돌아갈 학습자원을 나누어 가려는 이방인으로 이해된다. 따라서 이들이 노동자로서 제 역할을 하는 데 필요한 최소한의 학습을 제공하는 것만이 유입국이 가진 의무, 그것도 '도의적' 의무로 느껴진다.

특히 최근의 평생학습 패러다임은 평생학습을 통한 국민 개인과 국가의 수월성 향상을 강조하고 있다(OECD, 1996). 평생학습 패러다임이 소개되던 초기에 해당하는 1990년대는 급변하는 전지구적 변화에 대처하기 위해 학령기를 넘어서서도 학습이 지속적으로 이루어져야 할 필요성이 처음 강조되었다. 잘 알려진 UNESCO의 Delors 보고서에서 제시한 바와 같이 학습은 거대한 시스템적 변화에 대항할 수 있는 '인간 내면의 보물(treasure within)'이며, 국가는 교육기관의 총체적인 재구조화를 통해 학습을 지원해야 한다는 주장들이 논의되었다(Delors, 1996). 그러나 그 이후 차츰 평생학습에 관한 논의는 평생을 두고 지속해야 하는 개인의 직업능력개발과 이를 통한 국가의 '전지구적 순위'의 향상, 그리고 학습으로 얻어진 수월성(excellence)의 댓가인 비용을 지불하는 주된 주체를 개인으로 몰고 가는 경향이 우세한 쪽으로 진행되어 왔다는 비판이 있다(Bagnall, 2000). 어떤 학자는 '평생교육'이라는 단어가 불과 몇십 년 사이에 '평생학습'으로 대치되어 온 사실을 두고도 '평생학습'이라는 말이 개인 학습자의 책임을 강조할 뿐, 국가적 역량의 결집이나 지원이 선행되어야 할 책임을 회피하는 것이라고 주장하기도 한다(Griffin, 1999).

이런 평생학습 패러다임의 세계적 경향 속에서 비(非)국민이자 학습을 지속할 수 있는 비용 지불이 어려운 존재, 그리고 수월성과는 거리가 먼 저숙련 노동을 하도록 초청된 존재인 이주노동자들은 이 패러다임의 가장 주변부에 위치한 소외된 집단임이 분명하다.

권리인식의 학습이론 : 비판적 교육학과 페미니스트 교육학

이주노동자라는 우리 사회의 소외계층이 수행하는 학습이 갖는 의미를 개념화 할 수 있는 성인학습 이론으로 비판적 교육학(critical pedagogy)과 페미니스트 교육학(feminist pedagogy)을 들 수 있다. 비판적 교육학이 성인교육과 학습이 주는 사회적 의미를 일깨우면서 사회변화의 방향에 시사점을 제공하고 거시적 목적을 지원하는 일종의 '동력'을 제공한다면, 페미니스트 교육학은 어떻게 성인교육자들이 교육과 학습의 현장에서 만나는 '다른(different)' 학습자들과 어울려 함께 변화를 만들어 낼 것인가에 대한 미시적 성찰을 담고 있다.

우선 비판적 교육학에 담겨 있는 주장을 보자. 비판적 교육학은 인간의 소통적 활동(communicative action)의 하나인 학습(learning)이 시스템(system)의 의사결정 과정에 영향을 미친다고 주장한다. 즉, 학습은 인간을 구조적으로 주변화(marginalization)시키는 힘에 대한 대항 세력(counterforce)으로 기능하며, 이 능력을 신장시키는 것이 성인교육의 주(主) 목적이 된다. 생활세계(lifeworld)와 시스템(system)의 대비를 프랑크푸르트학파의 철학자인 Habermas로부터 차용한 성인교육학자 Welton은 상호역동적인 학습과 그런 학습의 결과인 집합적 행동(collective action)으로 학습자들로 하여금 그들을 짓누르고 있는 억압에 대해 대항할 수 있는 자율성을 신장시키도록 지원하는 것이 성인학습의 사명이라고 하였다(Welton, 1995).

시스템이 생활세계를 침해하는 예로 성인교육학자들이 든 대표적인 예가 전지구화(globalization)이다. 전지구화를 홀로 마주하고 있는 개인은 무력하다. 특히 사회적 약자들이 자신의 삶을 지키기 위해서 할 수 있는 일은 거의 없다. 많은 성인교육학자들은 구조적 불평등이 심해지고 부익부 빈익빈이 심화되는 현재, 모든 이의 행복을 추구하기 위한 주요한 방법의 하나로 학습을 거론하고 실천해야 함을 주장하였다. 앞서 거론한 Welton을 비롯, Walters

(1997), Baptiste(1999), Johnston(1999)도 이런 주장을 편 성인교육학자들이다.

이런 측면에서 볼 때 성인교육/학습의 장소는 "투쟁의 장소(site of struggle)"이다(Johnston, 1999). 일상생활 속에서 사소하게 수행되지만 우리 시대 정치경제적인 틀의 변화와 분명한 연관을 갖고 있다. 따라서 비판적 교육학에서 바라본 성인학습의 목적과 수행은 맥락이 탈구된 성인학습이 갖지 못하는 변화추동의 힘을 가지며, 이런 논리는 그동안 주로 기계적이고 전문화된 학습의 이론틀을 강조해 오던 성인교육학에 새로운 논점을 제시하고 있다(Welton, 1995; Collins, 1995).

페미니스트 교육학은 이런 변화의 모습이 학습자가 소유한 각양각색의 '다름'에 기반을 두어야 한다고 주장한다. 변화를 지향하는 학습이 일반화되고 획일적인 모습을 띠고 있다면 아이러니한 일이다. 그리고 서로 다른 모습을 하고 있는 학습자들의 행복에 실제적인 도움을 주기 어려울 것이다. 일반적인 모습의 해방을 기획하는 것은 오히려 새로운 억압을 가져올 수 있다는 페미니스트 교육학자들의 경고는 이런 방향에서 의미가 있다. 이들이 주장하는 다름의 정치학(politics of difference)은 우선 억압의 일반화에 대한 의문 제기로 시작한다. 학습자의 해방을 주장한 저명한 교육학자인 Freire의 '해방(emancipation)' 개념도 페미니스트 교육학자들에게는 하나의 쟁점이 된다. Freire가 제시한 투쟁과 해방이 너무 일반적이고 '계급'이라는 하나의 억압 요소에만 집중하였다는 것이다. 또한 앞서 언급한 Habermas 역시 해방을 논하면서 'he'라는 남성 대명사만을 사용한 점에 있어서 페미니스트 교육학자의 비판의 대상이 된다(Luke & Gore, 1992). 페미니스트 교육학자들에게 '집단적 학습 실천'이라는 투쟁은 보편적이고 일반적인 수준에서 일어나는 것이 아닌, 특수하게 맥락화된 수준에서 일어나는 것이다. 그 맥락은 계급만이 아닌, 성별, 인종, 문화 등의 다양한 억압 요소를 포함하고, 각각의 요소에 따라 서로 다르게 위치지어진다. 따라서 변화를 갈구하고 이를 쟁취하기 위해 학습을 하는 사람들은 단일한 하나의 학습자 집단이 아니다.

페미니스트 교육학자들은 교육자들이 학습자 집단의 일반성에 주목하는 것은 지배집단의 구성원들에게 자신들과는 다른 사람들의 외침에 귀를 기울이기는커녕, 자신들의 프레임을 '일반적인 것'이라는 이름으로 타인에게 일률적으로 적용하는 폭력적인 결과를 낳을 뿐이라고 주장한다(Loutzenheiser, 2003). 이는 자신과 다른 학습자들을 대하면서도 학습에 대한 요구를 진단하기 보다는 자신이 학습에 가진 요구에 근거해서 '타인도 그럴 것'이라고 추측하는, 주류 집단의 성인교육자들이 쉽게 범할 수 있는 오류에 대한 경고의 뜻으로 읽힐 수 있다. 이렇게 일반화의 폐해를 인식하고 있는 페미니스트 교육학자들은 어떻게 '다름'이 한 집단의 학습자들에게 어떠한 형태로 영향을 미치는지 주목하고, 이에 천착하여 학습자들을 서로 다른 정치적·사회적 맥락을 교육과 학습의 현장에 끌고 들어오는 사람들로 인식하여 이들의 다양성을 기반으로 학습자-교육자 사이에 공유된 교육적 실천목표(educational agenda)를 이끌어 내는데 힘을 기울여 왔다(Amstutz, 1994; Alfred, 2003; Ellesworth, 1989).

정치적 능력 신장을 위한 학습사례
: 인천-부천 지역의 이주노동자들을 중심으로

인천과 부천지역의 이주노동자 20명을 대상으로 한 한 연구(Lee, 2006)는 비판적 교육학과 페미니스트 교육학에 기반을 둔 시각을 가지고 이주노동자들이 어떤 종류의 학습에 참여하며, 그 동기는 무엇인지, 그리고 이들의 '다름'은 이들이 추구하고자 하는 학습에 어떤 장애물로 작용하는지를 분석하는 데 초점을 맞추고 있다. 이 연구에서 나타난 여러 학습 사례 중 이주노동자의 정치적 능력 신장을 위한 학습의 사례는 이주노동자가 자신이 가진 불완전한 권리를 인식하고 이에 대해 스스로 학습요구를 형성하고 주체적으로 수행하는 모습을 보여주고 있다. 정치적 능력 신장을 위한 학습이라면 일견 거창하게 들릴 수 있지만 사실 이런 종류의 학습은 인간으로서 가장 필수적인 권리 인식과 행사, 자신의 권리를 규정하고 있는 규칙이나 제도에 대한 숙고, 그리고 이 '틀'을 바꾸기 위한 노력들을 포괄적으로 의미한다.

이런 학습이 이주노동자들에 의해서 일어날 때, 가장 사소한 수준의 학습은 자신이 유입국에서 가진 권리를 알고자 하는, 권리에 대한 지식의 습득이다. 여기에는 주어진 권리에 대한 인식을 통해 불이익을 피하려는 개인적이고 비교적 소극적인, 다양한 형태의 개인 학습들이 포함된다. 여기에서 조금 더 나아가면 권리의 인식과 실천은 크고 작은 다양한 집단에서 집합적으로 이루어진다. 한 공장 내의 몇 명의 노동자들의 모임이나 한 지역에 거주하는 국가별 이주노동자들의 모임인 민족공동체에서 자신들이 처해 있는 노동환경을 개선하고자 하는 목적으로 수행되는 집단적인 학습의 사례가 여기에 해당된다. 더 나아가서 거시적인 차원에서 자신들의 권리의 한계를 규정하고 있는 규칙이나 제도를 바꾸고자 노력하는 사례는 소수이나 뚜렷하게 존재하는 이주노동자의 학습 영역으로서, 그중 대표적인 사례로는 미디어를 이용하는 방법을 배워 이를 통해 이주노동자 자신의 목소리로 한국 사회에 자신들의 존재를 알리려는 사례, 그리고 고용허가제로의 이행과정에서 적지 않은 이주노동자들이 적극적으로 참여하였던 2000년대 초반의 각종 정치적 집회에서 이루어졌던 학습을 들 수 있다.

우선 이주노동자로서 자신이 가진 권리에 대한 정보를 구하는 개인적 학습의 형태로는 이주노동자들을 지원하는 각종 NGO나 자국 민족공동체에서 주최하는 각종 설명회에 참석하는 일, 권리에 대한 설명을 담고 있는 가이

드북을 읽거나 직장에서 당한 부당한 일들에 대한 상담을 신청하고 이에 참여하는 일들이 포함된다. 부당한 처우를 당하게 되면 비슷한 일을 당한 다른 노동자의 경험을 듣고 해결책을 모색하는 것도 한 예이다. 이주노동자들이, 자신들이 가진 권리를 한국에서의 노동을 시작하면서 바로 알게 되는 일은 극히 드물다. 이주노동자의 권리는 국제규약에는 포괄적으로 정의되어 있으나 자국민에 비해 권리를 제한하려는 유입국의 의도에 의해, 더 하위 수준에서는 고용주 등의 사용자에 의해 자의적으로 해석되는 경우가 많아 '며느리도 모르는' 일에 속하기 때문이다. 이주노동자들은 한국 땅에 발을 딛자마자 바로 바쁜 노동의 삶이 시작되므로 이주노동자로서의 삶이 어떤 것인지를 '부딪치면서' 알아 간다.

권리에 대한 복잡한 설명을 한국어로 이해하기가 버거운 이들은 자국 민족공동체에서 종종 마련하는 소규모 정보 모임에 참여하기도 한다. 실제로 민족공동체에서는 이주노동의 생활이 몸에 익은 고참 노동자들이 막 한국 땅에 도착한 신참 노동자에게 자발적으로 장시간의 교육을 제공하는 일이 빈번하게 일어난다. 신참 노동자들에게 '함께 일하는 한국인에게 욕을 들었을 때 대처하는 방법', '일하면서 다치지 않는 방법', '고용주가 임금을 주지 않을 때 임금을 받아내는 방법' 등등을 가르쳐 주는 고참 노동자들은 신참 노동자들에게 그들이 가진 권리를 인식시키고 이를 주장하는 방법을 전수하는 것이다. 한국의 고용허가제가 규정하는 노동자의 권리와 의무를 설명하는 데 초점을 맞추고 있는 공공기관이나 NGO에서 주최하는 공식적인 설명회와는 달리, 이런 비공식적 모임에서는 자신들의 권리를 제한하려고만 하는 제도의 틀 안에서 어떻게 대처해야 손해 보지 않는가에 대한 실용적이고도 집단적인 전략들이 공유되면서 이주노동자로서의 정체성이 함께 형성된다. 고참 노동자들은 신참 노동자들에게 '그저 참고만 있지 말라'라고 주문하는데, 이런 학습에 참여한 이주노동자는 길지 않은 이주노동 기간에 겪는 부당한 대우를 그저 개인적으로 참고 견디는 것이 '미덕'이라기보다는 자신을 포함한 전체 이주노동자에게 결코 이롭지 않은 일이 될 수도 있다는 것을 깨닫게 된다. 이런 사례들에서 일어나는 학습은 자신을 누구라고 규정하는 제도와 규칙을 알고 그 틀에 맞추어 행동하여 부당한 일을 당하지 않고 이주노동의 목적을 성취하려는 소극적 대처 전략(coping strategies)인 동시에, 제도와 규칙을 제대로 알고 이 안에서 최대한으로 자신의 권리를 행사하고자 하는 적극적인 움직임이 동시에 포착된다.

한 공장에서 일하는 다양한 국적의 노동자들이 함께 모여 불평등한 대우에 대한 논의를 통해 이를 고용주에게 전달하여 근로환경을 개선한 사례도 있다. 아주 영세한 업체가 아니고서는 많은 경우 이주노동자들은 고용주와 직접 대면할 수 있는 통로가 열려 있지 않다. 조장이나 반장 등 하위직급의 한국인 동료들과의 관계에서 생기는 불편한 경험을 이주노동자들이 함께 상의하고 조장에게, 그리고 고용주에게 전달하는 방식으로 문제를 해결한 사례들은 개인적인 불편함으로 간주되어 침묵될 수도 있었던 여러 의문들을 한 직장 안의 이주노동자들이 함께 공유하고 적극적으로 의제화(化)함으로써 작지 않은 변화를 이끌어 낸 사례로 볼 수 있다.

이주노동자들이 한국인을 대상으로 한 각종 다문화 교육에 참여하는 사례에서는 각종 학습을 제공받기만 하는 '학습 수혜자'로만 곧잘 여겨지는 이주노동자들이 한국인에게 '학습 제공자(learning provider)'로서의 역할을 수행하는 사례라는 데에 그 의의가 있다. 이런 친교적 활동 안에도 자신들의 존재에 대한 한국 사회의 인식을 도모하면서 생활인으로서의 권리를 간접적으로 주장하는 모습이 종종 나타난다. 이런 활동은 지역사회 교육센터, 초등학교의 다문화 교육 활동 등에 상당수 이주노동자들이 강사 또는 프로그램 기획자로 참여하는 형태로 이루어진다. 강의의 기획은 시민단체 활동가 등 주로 한국인들이 담당하고 이주노동자들은 다문화 강사로만 주어진 역할을 수행하는 경우, 교육의 내용은 대체로 이주노동자들이 자신들 나라의 전통음식, 민속행사, 그리고 전통의상 등을 소개하는 수준에서 그치는 경우가 많다. 그러나 이주노동자들이 직접 강의의 기획에 참여하여 내용을 구성하는 경우에는 이런 수준과는 상당히 다른 내용들이 들어간다. 다양한 다문화 교육에 기획자로 참여한 이주노동자들은 한국인들과의 소통의 기회인 이 다문화 교육의 기회를 빌어 자신들이 왜 한국에 왔는지, 왜 자신들이 한국인들과 친구이자 이웃이 되고 싶어 하는지, 그리고 왜 자신들이 한국인들과 다름없이 같은 사회에 소속되어 생활하고 있는 생활인인지를 알리고, 주장하고, 공감을 얻어내는 작업을 수행하였다. 이는 한국 사회에 만연해 있는 다문화 축제나 이주노동자를 '위한' 각종 행사들 속에서 이주노동자들의 정체성이 이국적(異國的)인 '음식과 축제(food and festival)'의 '홍보대사'나 '알리미' 정도로 제한된 역할을 수행하고 있는 현실을 개선하는데 대한 시사점이 될 수 있다.

한국 사회에 직접적이고 거시적인 수준에서의 소통을 원하는 이주노동자들은 대개 '틀(제도)'을 바꾸고자 하는 의도가 학습의 주요 목적이 된다. 이들 중 일부는 미디어를 적극적으로 이용하고자 학습하는 사례를 보여준다. 이주노동자에게는 이미 갖가지 이미지가 씌워져 있다. 그 중 하나는 '돈 밖에 모르는 사람'의 이미지이다. 한시적인 시간 안에 돈을 최대한 벌어가야 하는 '시한부' 인생이 주는 '어쩔 수 없음'이 있지만 이렇게만 본다면 왜 많은 이주노동자들이 없는 시간을 쪼개고 잠을 줄여서라도 각종 학습활동에 참여하려고 하는지에 대해 설명하기 어렵다. 또 하나의 이미지는 '불쌍한 사람'이다. 텔레비전의 개그 프로에서도 여러 번 다루어진 바 있는 '불쌍한 사람'의 이미지를 상당수 이주노동자들은 불편하게 생각하고 있었다. 왜곡된 이미지를 만들고 퍼뜨리는 것도 미디어이지만 존재를 알리고 자신들에 대해 부당하거나 왜곡된 시각에 저항하는 방법 역시 미디어를 사용할 수 있다. 이주노동자들이 미디어를 배우고 이를 이용하여 기존 사회에 변화를 시도하고자 하는 두 가지 사례를 소개한다. 한 중국인 노동자는 중국인에게 덧씌워진 이미지에 저항하기 위해 자신이 사는 곳 근처 평생교육원의 비디오 촬영 교실에 등록하여 갖은 어려움에도 불구하고 전 과정을 이수하였다. 그가 찍고자 하는 것은 중국인들의 게토(ghetto)로 곧잘 일컬어지는 서울 구로구 가산동 －가리봉동으로 불리던－ 일대에 거주하는 중국인 노동자들의 '진짜' 삶이다. 그는 중국인들이 한국에서 열심히 일해서 돈을 버는데 왜 차별이 있는지에 대해 물었다. 그러면서 자신들은 한국에서 "거저 돈을 가져가는 존재가 아니며 최선을 다해 살고 있는 한국사회의 일부"라는 것을 영상으로 보여주기 위해서 촬영을 시작하였다. 또 하나의 사례는 전국적 규모의 방송을 이주노동자들의 손으로 시작한 예이다. 물론 한국인들의 다양한 지원이 없이는 이루어지기 어려웠던 일이었지만 이 이주노동자들의 방송국에서는 방송의 기획과 촬영, 출연이 모두 이주노동자들 손에서 이루어지며 2주마다 한 회씩 방송을 내보내고 있었다. 이런 방송활동에 뛰어든 한 미얀마인 노동자는 이주노동자의 모습을 이주노동자의 손을 거쳐 그려가는 활동이 가진 의미가 얼마나 큰지를 설명하였다.

마지막으로 가장 상위 또는 극단적인 수준의 정치적 능력의 신장을 위한 학습은 권리의 신장을 도모하는 각종 정치적 집회에의 참여이다. 이주노동자들이 적극적으로 권리를 주장하며 한국의 이주노동 제도의 변환에 일조하였던 이 사례는 우리 사회가 말도 많고 탈도 많던 산업연수생제를 폐지하고 고용허가제로 전환하는 시기에 이루어졌다. 1992년에 시작된 산업연수생제는 우리 사회에서 이주노동을 최초로 공식적으로 받아들였다는 데 역사적 의의가 있지만, 그 명칭에서 드러나듯이 이주노동자를 '노동자(worker)'로 받아들이지 않고 '연수생(trainee)'으로 받아들여 이주노동자의 권리를 심하게 제한함으로써 많은 사회적 문제를 낳았다. 이에 대한 이주노동자의 저항, 한국 시민사회의 지원, 그리고 정부의 결단이 2004년 고용허가제의 출범을 낳았다. 이러한 고용허가제로의 변환 과정은 쉽고 편하게 얻어진 것이 아닌, 이주노동자들의 최고 수준의 정치적 목적의 학습을 보여주는 사례가 된다. 농성에 참여한 경험이 있는 이주노동자들은 며칠이고 계속된 농성, 그 안에서 한국 사회에 대해 비로소 직접적으로 주장을 펴게 된 경험, 한국인들과의 연대로 인해 더 좋은 세상을 만들겠다는 각오 등등이 발생되고, 인식되고, 공유·확산되는 과정을 보여주었다.

이 글에서 제시한 다양한 학습사례들은 이주노동자들이 주어진 권리의 틀 안에서 권리를 주장할 수 있는 방법을 찾는 노력으로부터 나아가서는 자신을 포함한 남들과의 연대 안에서 자신들의 권리를 규정하고 있는 규칙이나 제도를 개선하거나 변혁할 수 있는 힘을 기르는 과정을 보여주고자 하였다. 물론 여기에 소개된 학습사례들은 이주노동자들이 권리인식 및 신장을 위해 수행하는 학습의 일부에 불과할 것이다. 비록 일부이지만 정치적 역량 신장을 위한 이런 학습사례 속에는 이주노동자들이 스스로 인식하는 사회적 위치, 정체성 인식, 주어진 경계에 대해 의문을 가지고 변화를 꿈꾸고자 했던 학습의 목표가 드러나 있다. 이주노동자로서의 본분을 수행하고 생활인으로서의 소속감을 높이기 위해 권리를 적극적으로 인식하고 주장하는 법을 배우는 모습에는 전지구적 자본주의, 문화적 헤게모니 등 자신들이 처한 구조적 역경에 침묵으로 순응하기보다는 변화를 원하고 이루려는 노력들이 잘 드러나 있다.

이주노동자들이 보여주는 학습요구, 실행과정, 그리고 학습의 결과를 통해 이런 학습은 그 어느 다른 학습자 집단에서 볼 수 없었던 특이한 학습경험이라는 사실을 알 수 있다. 또한 평생학습은 이들을 지원할 수 있는, 이들에게 꼭 필요한 필수적인 개념임과 동시에 현재 국가 중심이나 수월성 제고 중심으로 이루어지고 있는 평생학습의 패러다임이 이들의 학습을 주변화시키고 있다는 것도 알 수 있다. 비판적 교육학과 페미니스트 교육학의 틀을 통해 바라본 이들의 학습은 전지구화적 맥락에 작용하는 구조적인 힘에 의해 주변적 존재가 된 이들에게 학습은 거대한 맥락 안에서 움츠려 들기보다는 적극적으로 자기 자신을 발견하고 이해하는 과정, 주어진 틀을 이해하고 억압을 정의하고 이를 변화시키려 하는 과정이다. 따라서 국가의 경계 사이에서 일어나는 학습을 소외시키는 현재의 평생학습 패러다임을 넘어서는 새로운 패러다임이 필요하다. 이주노동자의 송출국과 유입국이 이주노동자의 학습에 갖는 책임과 지원 영역을 논의하고 그 실행과정을 관리할 수 있는 국가 간 협의체 성격의 기관을 세우는 일은 새로운 패러다임을 가져오는 데 필수적인 일 중 하나가 될 것이다. 이주노동자들처럼 초국적인 맥락에 가로놓인 수많은 학습자들을 포용하는 초국적인 평생학습 패러다임(transnational lifelong learning paradigm)에 대한 논의에 성인교육자들이 적극적으로 참여해야 할 필요성을 제기한다.

성인교육자의 역할에 관한 시사점

비(非)시민이자 저숙련 노동자인 이주노동자가 개인적이거나 집합적으로 정치적 능력의 신장을 위한 다양한 학습활동에 참여하는 사례들은 학습을 통해 자기 자신을 더 나은 상태로 발전시키고 자신이 속해 있는 사회의 구성원으로 살아가는 법을 배우며, 자신이 살고 있는 사회를 더 좋은 곳으로 만들기 위해 그 사회의 변화에 동참하는 모습을 보여준다. 이는 이주노동자, 그리고 비슷한 위치에 처해 있는 '다른' 학습자 집단을 대면하는 성인교육자들에게 다음과 같은 시사점을 줄 수 있다.

첫째, 학습자가 갖는 요구를 쉽게 가정하기보다는 이주노동자처럼 새로운 학습자 집단이 가지고 있는 학습요구에 관한 생생한 목소리를 들으려는 노력이 필요하다. '일반적인 것은 일방적'이라는 페미니스트 교육학자들의 주장을 기억한다면 학습자들의 요구에 맞는 효과적인 교육과정 또는 프로그램을 개발하고 제공하는데 도움을 받게 될 것이다. 또한 성인교육자들은 비주류 집단의 학습자들이 처음부터 자신들이 가지고 있는 학습요구를 뚜렷이 인식하고 표명하는 것이 그리 쉽지 않은 일임을 인식하고 어려움에 처한 학습자들이 스스로 자신들이 대면하고 있는 문제를 인식하고, 규정하고, 학습으로 대안을 도출하는 과정을 전문적으로 지원해야 한다.

둘째, 성인교육자들은 비주류 집단 학습자의 학습을 지원할 뿐 아니라 주류사회 학습자들의 학습 역시 지원해야 한다. 이 경우에는 한국인이 이주노동자의 '다름'을 이해하고 얻어진 인식을 생활 속에서 실천할 수 있는 학습 프로그램의 개발과 제공이 해당된다. 한국인 학습자들이 자신과 '다른' 사람들의 경험을 의미 있는 학습의 내용으로 삼고, 타인의 경험을 자신들의 학습 속에 수용하게 지원한다면 결과적으로 다양성이 살아있는 생활세계를 만들어 나갈 수 있는 역량을 지니게 될 것이다. 그러려면 성인교육자들은 한국인 학습자들이 어떻게 행동해야 하는지 스스로 이해하고 실천할 수 있게 도와야 한다. 한 사회의 변화는 끊임없는 새로운 학습(learning)과 폐기학습(unlearning)으로 이루어지는 과정이다. 주류 집단의 학습자들에게 이주노동자에 대한 근거 없는 편견, 고정관념 등은 버리고(unlearning) 이주노동자들이 실제로 보여주는 모습에 대한 새롭고도 진지한 학습(learning)이 이루어지게 도와야 한다.

우리나라의 경우 이주자·이민자 교육 및 학습 분야는 초기 단계에 있다. 공식적으로는 이민정책이 존재하지 않는 국가이면서도 이주노동자나 여성결혼이민자의 등장으로 인해 다문화 사회로의 진입 논의가 활발한 우리 사회임을 감안할 때, 이주자와 이민자를 대상으로 하는 교육과 학습 분야는 앞으로 양적·질적 팽창을 거듭할 것이다. 그러나 우리 성인교육학계에는 이 '새로운' 학습자들에 대한 논의가 아직 부족하고 게다가 이주노동자의 교육과 학습의 현장에 있는 활동가들은 자신들을 성인교육자로 생각하지 않는 경우가 많다. 성인교육학자들은 이주자와 이민자의 교육 및 학습에 관한 실천적인 논의의 장을 마련하고 성인교육학이라는 학문은 생소하지만 성인교육을 온몸으로 실천하고 있는 현장의 활동가들과 힘을 합쳐야 할 것이다.

설동훈(1999). 외국인 노동자와 한국사회. 서울: 서울대학교 출판사.

Alfred, M.V. (2003). Sociocultural contexts and learning: Anglophone Caribbean immigrant women in U.S. post-secondary education. *Adult Education Quarterly, 53*(4), 170-188.

Amstutz, D. (1994). Adult learning: Moving toward more inclusive theories and practices. In T.C. Guy (Ed.), *Providing culturally relevant adult education: A challenge for the Twenty-First Century*. New Direction for Adult and Continuing Education (pp.19-32). No. 82, Summer. San Francisco: Jossey-Bass.

Bagnall, R.G. (2000). Lifelong learning and the limitations of economic determinism. *International Journal of Lifelong Education*, 19(1). 20-35.

Baptiste, I. (1999). Beyond lifelong learning: A call to civically responsible change. *International Journal of Lifelong Education*, 18(2), 94-102.

Castles, S. (2000). *Ethnicity and globalization: From migrant worker to transnational citizen*. London: Sage Publications.

Castles S. & Miller, M. J. (1993). *The age of migration: International population movements in the modern world*. Basingstoke: Macmillan.

Collins, M. (1995). In the wake of postmodern sensibilities and opting for a critical turn. In M. R. Welton (Ed.), *In defense of the lifeworld* (pp. 127-156). Albany: State University of New York Press.

Delors, J. (1996). *Learning: The treasure within*. Report to UNESCO of the International Commission on Education for the 21st

Century. Paris: UNESCO.

Ellesworth, E. (1989). Why doesn't this feel empowering?: Working through the repressive myths of critical pedagogy. *Harvard Educational Review*, *59*(3), 297-324.

Griffin, C. (1999). Lifelong Learning and Social Democracy. *International Journal of Lifelong Education*, 18(5). 329-342.

International Organization for Migration (2005). World migration report 2005: Costs and benefits of international migration. International Migration Organization. Geneva, Switzerland.

Johnston, L. (1999). Adult learning for citizenship: Towards a reconstruction of the social purpose tradition. *International Journal of Lifelong Education*, 18(3), 175-190.

Lee, R. (2006). *Learning at the Borders: Transnational Learning Experiences of Migrant Workers in Korea.* Unpublished Doctoral dissertation. University of British Columbia, Vancouver, Canada.

Loutzenheiser, L. W. (2003). Uneasy similarities, uneven parallel: Race, sexuality and civil rights discourses. In G. Ladson-Billings (Ed.), *Critical race theory perspectives in the social studies: The profession, policies and curriculum*. New York: State University of New York Press.

Luke, C. & Gore, J. (1992). *Feminism and Critical Pedagogy*. New York: Routledge.

OECD (1996). *Lifelong learning for all*. Paris: OECD.

Ohmae, K. (1991). *The borderless world*. New York: Harper Collins.

Sassen, S. (1988). *The Mobility of Labor and Capital: A Study in International Investment and Labor Flow*. New York: Cambridge University Press.

Shor, I. (2000). Why education is politics. In I. Shor & C. Pari (Eds.), *Education is politics: Critical teaching across differences*, postsecondary. Portsmouth: Boynton/Cook.

Walters, S. (Ed.) (1997). *Globalization, adult education and training: impacts and issues*. London: Zed book.

Welton, M. R. (1995). In defense of the lifeworld: A Habermasian approach to adult learning. In M. R. Welton (Ed.), *In defense of the lifeworld* (pp.127-156). Albany: State University of New York Press.

04

노인의 경험학습

김영석(동의대학교 평생교육학과 교수)

우리나라의 고령자 인구비율은 빠른 속도로 증가하고 있다. UN은 한 국가의 전체 인구 중 65세 이상의 고령인구가 7%를 넘는 사회를 '고령화 사회', 14%를 넘으면 '고령 사회', 20%를 넘게 되면 '초고령화 사회'로 분류한다. 고령자에 관한 가장 최근 자료인 통계청의 '2008년도 고령자통계'에 따르면 우리나라는 2000년도에 이미 고령화 사회에 접어들었고, 2010년에 65세 이상의 인구비율은 11.0%로 고령사회가 되었다. 그리고 약 8년 뒤인 2018년에는 14.3%로 초고령 사회로 접어들고, 2026년에는 처음으로 20%를 넘게 된다. 노인인구의 양적 증가와 더불어 우리는 노인인구의 질적 변화를 함께 경험하고 있다. 앞으로 10년 뒤에 현재 인구의 15%에 이르는 약 710만 명의 베이비붐 세대(한국전쟁 이후와 본격적 산아제한이 시작되기 전 사이에 태어난 세대, 1955년-1963년생)가 본격적으로 노년층으로 유입되기 시작하면, 현재와는 다른 특성을 지닌 노인인구가 등장할 것이다. 기존의 노년층은 일제강점기, 한국전쟁, 1차 산업의 종사, 많은 수의 자녀 부양 등으로 인해서 적절한 때에 자신의 건강을 돌보지 못하고, 또한 노년기 이후에 경제력에 대한 관심이 부족했다. 또한 노인에 대한 사회적 편견과 적절한 일자리 혹은 여가활용을 위한 방안이 마련되어 있지 못해서 "할 일 없음"의 고통을 경험하게 되었다. 하지만 베이비붐 세대에 속하는 새로운 노년층은 의료기술의 발달과 유아기 때부터의 적절한 영양섭취, 건강 정기검진 등의 혜택으로 65세 이후에도 건강을 유지하게 될 것이다. 아울러 우리나라가 2차 혹은 3차 산업 기반이 안정된 경제여건에서 청년기 때 경제활동을 해 온 세대이므로, 현재의 노년층보다는 비교적 경제적으로 여유로운 노년기를 보내게 될 것이다. 이와 더불어 베이비붐 세대들은 각종 여가활동, 종교활동, 정치활동 등을 통해서 기존세대와는 다른 노년층 이후에도 즐길 수 있는 다양한 활동 등을 영위할 것이다.

양과 질적으로 변화하는 노인인구는 우리나라의 정치, 경제, 사회, 의료 분야에 다양한 영향을 주고 있다. 평생교육분야 역시 양적, 질적으로 변화하는 노인인구의 다양한 교육 요구 수요를 위해 노력하고 있지만, 아직 다른 연령층의 교육에 비해 큰 비중을 차지하지 못한다. 교육과학기술부에서 발표한 전국 2,620개 평생교육시설을 대상으로 실시한 '2008년도 평생교육통계조사' 결과 발표에 따르면 약 85,000개 평생교육 프로그램 중 성인을 대상으로 하는 프로그램이 약 58%로 가장 많았고, 그 다음으로 어린이 대상 프로그램은 약 19%, 청소년 대상은 약 12%인 반면 노인 대상 프로그램은 1.6%밖에 되지 않았다. 뿐만 아니라 노인교육과 관련한 행정적 지원 역시 미흡하다. 교육과학기술부에서는 소외계층평생교육 프로그램 지원 사업 외에는(2001년부터 2007년까지 총 80개의 노인대상 평생교육 프로그램 지원) 노인교육과 관련한 행정적 지원이 전혀 없었으며, 보건복지부에서는 경로당과 노인종합복지관의 운영비 지원 외에는 노인 교육과 관련한 지원을 위한 사업은 없었다. 앞으로 보다 건강하고, 학력수준이 높고, 경제적으로 안정된 노인이 많아질수록, 자아발전과 사회의 공헌을 위한 노인들의 교육요구와 관심이 많아질 것이다. 이에 따라 노인의 교육과 관련한 보다 많은 연구가 필요하다.

초기 성인교육학자인 Lindeman(1961)과 Knowles(1973)가 지적한 것처럼, 경험은 성인들에게 중요한 학습자원으로 여겨졌다. 즉, 성인들은 자신들의 주관적 경험(고난의 경험)과 객관적 경험(해외 근무지 파견) 등을 통해서 끊임없이 학습한다(Kolb, 1984, Merriam, Caffarella, & Baumgartner, 2007 재인용). 성인들의 학습과 경험과의 관계에 대한 연구는 활발히 이루어진 반면, 노인의 경험과 학습과의 관계에 관한 연구는 부족한 실정이다. 이는 지금까지 노인교육에 관한 관심이 주로 여가활용이나 건강관련 프로그램에 집중되어 왔기 때문이다(장미옥, 2008). 즉 노년기를 성인의 발달단계 중의 하나로 이해해서 경험에 대한 반성을 통해 자아발전을 이루려는 노력보다는 노년기의 교육을 단지 여가활용이나 건강유지 수단으로 여겨왔기 때문이다. 하지만 성인기의 경험학습에 관한 연구가 활발한 것처럼 노년기의 학습성을 이해하기 위해서는 노년기를 성인기의 연장선상으로 이해하고, 노인의 경험학습에 관한 연구가 보다 활발히 이루어져야 한다. 지금까지 노인의 경험학습에 관한 연구가 활발하지 못했던 이유는 노인이 갖고 있는 경험의 다양성을 인정하지 못한데서부터 기인한다. 성인교육분야에서 약 25년 동안 이루어졌던 노인과 관련된 연구를 총 정리한 Chen et al.(2008)에 따르면 노인교육과 관련한 연구에서 조차 노년층의 다양성을 인정하고 있지 못하다. 하지만 노인은 그 어떤 연령집단보다 오래된 인생경험에서부터 오는 다양한 성격, 사회, 경제적 배경을 갖고 있다.

본 장에서는 다양한 배경을 갖고 있는 노인의 경험이 어떻게 학습으로 연결될 수 있는 지를 살펴보려고 한다. 이를 위해 첫째, 성인학습자와 다른 노인학습자만의 특성을 살펴보도록 하겠다. 둘째, 노인학습자들에게 경험학습이 이루어질 수 있는 다양한 영역에 대해 소개하겠다. 노인의 경험학습에 관한 이해는 노인에게 이루어지는 다양한 학습의 이해를 통해서, 노인을 학습의 주체로 이해하는데 큰 도움이 될 것이다.

노인 학습자의 특성

본 장에서는 노인학습자들이 갖는 특성을 이해하기 위해서 노인의 교육에 관한 요구와 노인의 학습에 영향을 미칠 수 있는 발달심리학적, 사회적, 인지적 변화에 대해서 살펴보겠다.

••• 노인의 교육요구

Maslow(1954)의 욕구 위계설에 따르면 인간 안에는 단계를 이루어서 존재하는 다섯 가지의 욕구가 존재한다. 이들중 하위 수준의 욕구가 충족되어야만, 상위수준의 욕구가 한 개인의 행동에 영향을 미치게 된다. 그리고 일단 만족된 욕구는 더 이상 동기부여의 요인으로 작용하지 않는다. 그가 주장한 욕구 위계에 따르면 1단계는 생리적 욕구(physical needs), 2단계는 안전의 욕구(safety needs), 3단계는 소속감의 욕구(belongingness needs), 4단계는 존중의 욕구(esteem needs), 5단계는 자아실현의 욕구(self-actualization needs)이다. 이 이론에 따르면 첫 번째와 두 번째 욕구는 저위 욕구로서 주로 외부 요인(임금, 다른 사람의 도움) 등에 의해서 충족되는 반면, 나머지 세 가지 욕구는 고위 욕구로서 자신의 내부 요인에 의해 충족되는 차이가 있다(Maslow, 1954). 특히 자아실현의 욕구는 나머지 다른 네 가지 욕구와 달리 무엇이 부족해서 느끼기보다는 성장을 추구하는 태도에서부터 오는 것이다(Maslow, 1954). 이 이론에 비추어 생각해보면, 일정한 건강과 경제력을 유지한 노인의 경우 생리적 욕구와 안전의 욕구는 해결된 상태이다. 이럴 경우 사람은 자연스럽게 고위 욕구를 추구하게 되는데, 이중 자아실현의 욕구는 자신이 세운 목표를 달성하기 위해서 새로운 것을 배우고 자신을 변화시키는 학습을 통해서 이루어질 수 있다. 따라서 앞으로 다가올 노년층에게 있어서 학습은 자연스러운 욕구의 표현으로 이해할 수 있다.

일반적 인간의 욕구 이외에 노인이 교육에 관해서 갖고 있는 요구를 정리한 많은 연구가 있었지만, 현재까지 가장 널리 인정되고 활용되고 있는 분류는 McClusky(1973)의 다섯 가지 분류이다. McClusky(1973)는 노인들이 교육에 임할 때 환경적응의 요구, 표현적 요구, 공헌의 요구, 영향력의 요구, 초월적 요구를 갖는다고 주장했다. 환경적응의 요구는 노년기의 여러 가지 변화와 이에 따른 적응을 목표로 하는 교육으로 은퇴준비교육, 질병을 예방하는 교육, 노화로 인한 정서 변화에 적응하는 교육 등이 이 요구와 관계가 있다. 표현적 요구는 학습활동 자체를 즐기고자 하는 요구로 각종 예술 활동, 인문학 수업 등이 여기에 속한다. 공헌의 요구는 새로운 지식과 기술을 습득하여 타인에게 봉사를 하려는 태도로서, 리더십 개발 활동, 사회 봉사활동과 관련된 교육으로 인해 만족될 수 있다. 영향력의 요구는 타인과 사회에 영향력 혹은 통제력을 발휘하려는 요구로서 기술 전수, 세대 간 활동 등이 이 요구를 만족시킬 수 있다. 마지막으로 초월적 요구는 교육을 통해서 삶의 본질적 의미에 대해 탐구하고자 하는 요구로서 죽음준비교육, 자서전 쓰기 활동 등이 이 요구와 관련이 있다.

••• 발달심리학적 변화

한 인간의 성장은 일생을 통해서 이루어진다. 발달이 전 생애에 걸쳐 이루어진다고 보는 학자들은 한 인간이 노년기에 경험하게 되는 다양한 발달과제들을 소개하고 있다. 먼저 에릭슨(Erikson, 1959)은 한 사람이 태어나면서부터 성장을 통해서 경험하게 되는 발달단계를 총 8단계로 나누었다. 각 단계별로 두 가지의 경향성이 긴장관계를 이루면서 존재하는데, 개인이 어떻게 대처하느냐에 따라서 두 가지 경향성 중 한 가지 경향성이 두드러지게 나타난다. 두 가지 경향성 중 긍정적 경향성이 부정적 경향성 보다 크게 나타날 경우, 다음의 발달단계를 성공적으로 준비할 수 있다. 하지만 부정적 경향성이 긍정적 경향성보다 강하게 나타날 경우, 이전의 해결하지 못한 발달과업이 다음 단계까지 영향을 미치는 부작용이 나타나게 된다. 에릭슨의 8가지 단계 중에서 노년기와 관련이 있는 7단계인 중년기와 8단계인 노년기를 소개하겠다. 에릭슨에 따르면 중년기 때 경험하게 되는 두 가지 경향성은 '생산성(generativity) 대 침체성(stagnation)'이다. 이 중 긍정적 경향성인 생산성은 개인이 다음 세대에 물려줄 유형적, 무형적 유산을 갖고 있다고 여길 경우 달성하게 되며, 그렇지 못할 경우 삶의 침체성을 경험하게 된다. 성인이 된 자식과 손자－손녀들에게 혹은 자식을 갖고 있지 못한 경우 자식과 손자－손녀세대들에게 영향을 미치고자 하는 욕구가 이것과 관련이 있다. 노인들은 자식 혹은 손자－손녀들과 효과적으로 상호작용하는 법에 대한 교육을 받을 경우, 생산성 성취에 도움이 될 수 있다. 또한 자신의 자식, 손자－손녀는 아닐 지라도 세대 간 프로그램을 통해서 어린 세대와 함께 활동을 하면서 생산성을 높일 수 있다. 8단계인 노년기에는 '통합감(integrity) 대 절망감(despair)'이라는 발달과업을 갖게 된다. 지금까지 살아온 삶에 후회가 없고, 만족하는 태도를 에릭슨은 통합감이라고 했다. 반대로 자신의 삶의 의미를 찾지 못하고, 새롭게 삶을 시작해 보려는 태도가 절망감이다. 노인들이 끊임없이 자신의 과거를 돌아보고, 자신의 삶에 대해서 평가를 내리는 태도가 통합감과 관련이 있다. 자서전 집필은 노인의 통합감 성취에 큰 도움이 된다(한정란, 2005). 따라서 자서전 쓰기 수업 혹은 손자손녀가 조부모의 자서전 써드리기 등의 각종 교육 활동이 통합감 성취에 도움이 될 수 있다.

에릭슨은 발달과업을 개인 안의 두 가지 경향성의 대립으로 이해한 반면, 헤비거스트(Havighurst, 1952)는 발달과업을 한 인간이 가정과 사회에서 경험하는 타인과의 상호관계에서 개인의 욕구와 사회에서 부여되는 해야 할 일들로 이루어졌다고 주장했다(한정란, 2005). 헤비거스트가 정리한 노년기의 발달 과업에는 은퇴로 인해서 줄어든 수입에 적응하기, 배우자의 사망에 적응하기, 자신이 늙어가고 있음을 인정하고 동년배와의 유대감 형성하기,

약해지는 신체에 맞게 거주 공간 재배치하기 등이다(한정란, 2005). 헤비거스트가 지적한 노년기의 발달과업은 퇴직 준비교육, 여가활용 교육, 각종 종교기관 내 교육, 사회 봉사활동 교육 등으로 인해 충족될 수 있다.

레빈슨(Levinson, 1979)은 성인남성을 대상으로 성격발달에 관한 이론을 정리했다. 그에 따르면 인생은 봄－여름－가을－겨울처럼 네 가지 계절 즉 단계로 이루어져 있으며, 각 단계와 단계 사이에 약 5년간의 과도기의 시기가 존재한다. 이 과도기의 시기에는 지금까지의 인생을 돌아보고 앞으로 오는 인생의 단계를 탐색하게 된다. 레빈슨에 따르면 나이 60세에서 65세 사이가 '노년 전환기'의 과도기 시기이다. 이 시기는 중년기를 마치고 노년기를 준비하는 시기로서, 노화에 따른 죽음에 대한 인식을 강하게 하기 시작한다. 65세 이후에는 노년기에 접어든다. 이 시기는 은퇴를 통해서 기존의 사회적 역할에서 물러나서 새로운 일을 찾게 된다. 그리고 죽음에 대해 인식하고 주변의 죽음에 대해서 자연스럽게 받아들이게 된다. 이 시기에 노인들은 자아에 대한 궁극적 관심과 인생의 의미에 대해서 돌아보게 된다. 노인의 자아에 대한 관심과 인생의 의미에 대한 갈망은 자서전 쓰기를 통한 회고 활동, 명상 활동 등을 통해서 이루어질 수 있다.

••• 사회적 역할 변화

노년기에 이르러 직면하는 가장 큰 사회적 변화는 은퇴

일 것이다. 과거 농경사회에서는 은퇴라는 개념이 없었다. 힘이 닿는 때까지 농사일을 하다가 죽음을 맞이하게 되는 과거의 모습과 달리 은퇴라는 개념이 생긴 현대사회에서는 일을 할 수 있고, 하고 싶어도 일정한 나이가 지나면 일을 그만두어야 한다. 성인에게 있어서 내가 사회적으로 하는 일은 내가 누구인지를 규정해준다(Knowles, 1973). 따라서 은퇴는 중년 혹은 노년기 이후의 삶의 정체성의 변화를 가져다 주는 중요한 변화이다. 현대사회에서는 건강하기 때문에 일을 할 수 있고 또한 경제적 이유로 계속해서 일을 해야 하는 은퇴자가 많기 때문에, 제2 혹은 제3의 새로운 경력을 시작하는 노년들이 늘어나고 있다. 이를 위해 퇴직 후 노인들에게 맞는 직종의 재취업을 위한 교육이 필요하다. 혹은 비교적 경제적으로 여유가 있는 노인의 경우는 재취업에 대한 욕구보다는 은퇴 이후의 평균적으로 약 20년간의 삶을 어떻게 보내야 할 것인가에 대한 고민이 있게 된다. 이를 위해서 삶의 의미 발견과 행복 추구를 위해서 자기개발과 여가활용을 위한 교육이 요구된다.

직업과 관련한 사회적 역할 변화와 아울러 가정 안에서도 노년층은 변화를 경험하게 된다. 이 변화는 첫째 부부간의 역할 변화이고, 둘째는 자녀와의 관계변화이다. 첫째 자녀들이 결혼을 통해 한 집에서 같이 거주하기 않게 되고, 부부 중 한 사람 혹은 두 사람 모두 은퇴를 경험하게 되면서 부부사이 보다 많은 시간을 같이 보내는 경우가 생긴다. 은퇴 이후에 하루 종일 함께 시간을 보내는 것이 익숙하지 않은 부부의 경우 두 사람이 함께 여가생활을 즐기거나 함께 어떤 활동을 하기 위해서 동시에 학습활동에 참여할 수 있다. 하지만 둘 만이 함께 보내는 시간을 늘어났다고 해서 무조건 부부간의 관계가 좋아질 것이라 볼 수는 없다. 노년기에 성공적 부부관계를 갖기 위해서는 부부간에 서로의 동반자 관계를 인식하고 서로에게 정서적 편안함과 존경심을 보이는 등의 노력이 필요하다. 이를 위해서 성공적 노년기 부부생활에 관한 교육 역시 필요하다.

••• 인지적 변화

일반적으로 노화와 함께 지능은 감소한다고 여겨진다. 하지만 이는 지능을 어떻게 검사하는지에 따라 다른 결과가 나올 수 있다. 횡단적 방법 즉 동시대의 20, 30대의 지능과 70, 80대의 지능을 비교할 경우, 연령이 어린 집단의 지능이 높게 나온다. 하지만 이는 동시대의 서로 다른 연령집단이 갖고 있는 다양한 환경변화와 교육의 경험을 고려하지 않은 방식으로, 노화의 결과로 발생한 지능의 변화를 설명하는 데는 한계가 있다. 종단적 방법 즉 시간의 흐름에 따라 한 집단의 지능의 변화를 주기적으로 측정하는 방식을 채택할 경우 노화에 따른 지능의 변화를 좀 더 정확히 파악할 수 있다. 이에 관한 대표적 연구인 Schaie(1994)의 경우, 35년간 매 7년마다 같은 집단의 기본적 인지기능인 언어의미, 언어유창성, 공간지각력,

추리력, 산수능력을 조사했다. 이 다섯 가지 능력은 청소년기부터 중년초반까지는 동일하거나 약간 상승하는 패턴을 보이다가, 60세 이후부터 감소하기 시작해서 70대에는 그 감속 폭이 큰 것으로 조사되었다(Schaie, 1994). 노화에 따른 지능 변화는 지능을 어떻게 정의하느냐에 따라서도 서로 다른 결과가 다르게 나타난다. Horn & Cattell(1966)는 지능을 유동성 지능(fluid intelligence)과 결정화된 지능(crystallized intelligence)으로 나누어 노화에 따른 지능의 변화를 설명했다. 유동성 지능은 개인의 경험과 이미 습득된 지식과 무관한 일반정신능력을 의미하는 것으로서, 귀납적 추리력, 기억용량, 도형지각능력을 뜻한다. 결정화된 지능은 교육과 경험을 통해서 획득될 수 있는 능력으로, 어휘력, 일반상식, 언어 이해, 숫자추리력, 정보저장 능력 등과 관련이 있다. Horn & Cattell(1966)에 의하면 유동성 지능은 노화에 함께 감퇴하는 반면, 결정화된 지능은 노화와 함께 오히려 증가한다.

결정화된 지능과 함께 노화와 함께 늘어난다고 여겨지는 인지적 변화는 지혜이다. 일반적으로 노인에게 지혜가 있다고 여겨진다. 지혜는 교육을 통해서 얻어지는 것이 아닌, 경험을 통해서 얻어지는 학습의 결과이다(Jarvis, 2001). 지혜는 오랜 인생 경험을 기반으로 얻어지는 지식, 통찰, 반성, 직감력, 동감 등의 결합이다(Hooyman & Kiyak, 2005; Jarvis, 2001). 매일의 삶에서 얻어지는 많은 경험을 갖고 있는 노인들은 새로운 상황에서 과거의 경험에 비추어 생각하고 행동하게 되며, 이것이 곧 지혜로운 태도로 여겨진다(Jarvis, 2001). 노인들이 갖고 있는 지혜는 개별적이고 주관적인 것으로 객관적 형태로 축약될 수 없고, 타인에게는 유용하지 못할 수 있다(Jarvis, 2001).

노인의 경험학습 영역

우리는 지금까지 노인 학습자만이 갖고 있는 독특한 교육요구, 발달심리학적, 사회적, 인지적 변화에 대해 살펴보았다. 지금부터는 이러한 특성을 갖고 있는 노인 학습자들에게 경험의 다양한 형태인 참여(participation), 접촉(contact), 사건들(incidents) Jarvis(2001)을 통해서 발생하는 경험학습의 유형에 대해 살펴보겠다.

••• 회고 활동

회고 활동은 크게 두 가지로 나누어 볼 수 있다. 하나는 인생의 단편적 기억들에 관한 회상(reminiscence)로 인생의 순차적 사건에 대한 전반적 기억이 아닌 특정한 사건 예를 들면 결혼, 인생의 전환점 등을 기억하는 활동이다. 이에 비해 자서전 쓰기(life review)는 한 사람의 일생에 관해서 태어나면서부터 지금까지 일생을 시간 흐름에 따라 기억하는 활동이다. 한 사람의 일생이란 그가 기억하는 경험과 이에 따른 감각 혹은 반성의 집합으로(Jarvis, 2001), 경험학습의 한 방법이 된다. 본 절에서는 회상(reminiscence) 활동과 자서전 쓰기(life review)를 통칭해서 회고 활동이라 부르겠다. 회고 활동의 방법은 개별 활동과 집단 활동으로 나눌 수 있다. 개별 활동의 경우 노인과 회고활동 지도자가 일 대 일로 만나서 노인의 회고활동을 돕는다. 이때 회고활동 지도자가 노인에게 회고의 자료를 제공하는 독려자 역할을 수행할 수 있고, 아울러 노인이 말로 수행하는 회고활동을 녹음했다가 대신 집필하는 역할도 할 수 있다. 둘째 집단 활동의 경우 회고활동 지도자가 복수의 노인들을 한 장소에서 만난다. 회고활동가는 회고 주제를 미리 노인들에게 제공하고 다음 시간까지 써와서 서로 발표하게 할 수 있고, 혹은 수업 시간에 간략하게 쓰게 한 후 바로 그 시간에 나누어 볼 수 있다. 개인 활동에 비해 단체 회고활동을 할 경우 다른 노인들의 회고를 듣는 것이 자신의 회고를 독려할 수 있다. 노인의 다양한 회고활동은 삶의 만족도를 높여주고, 노년기에 경험하는 스트레스 해소에 도움을 주는 것으로 알려져 있다(한정란, 2005). 아울러 회고활동은 노인들로 하여금 그들의 경험을 바탕으로 반성적 사고를 가능하게 하는 경험학습의 요소를 갖고 있기 때문에 노인의 대표적 경험학습이라고 할 수 있다.

••• 세대 간 활동

세대 간 활동은 노인들에게 젊은 세대와 함께 활동하는 경험을 통한 학습의 기회를 제공한다. 노인세대와 젊은 세대가 함께 하는 세대 간 프로그램은 세 가지로 나누어 볼 수 있다(Herrmann et al., 2005). 첫째는 노인이 젊은이를 가르치거나 도와주는 활동, 둘째는 젊은이가 노인을 가르치거나 돕는 활동, 셋째는 동등한 자격으로 서로 협력하여 주어진 업무를 완수하는 경우이다. 각 경우에 대해서 세대 간 활동이 갖는 효과에 대한 연구결과를 소개하겠다. 첫째, 노인들이 젊은이들을 가르치는 경우와 관련해서 Herrmann et al. (2005)에 따르면 사전에 훈련받은 노인들(나이 60-80세)이 일주일에 두 번 총 8주간 중학교 학생들에게 분노/폭력 감소와 직업탐색 과정을 가르쳤다. 수업을 진행하지 않은 통제집단과 비교할 때 세대간 교육 프로그램에 참여한 노인들의 경우, 통계적으로 유의미하게 높은 에릭슨이 정의한 생산성(generativity)을 보였다. 즉, 젊은 세대를 지도한 경험이 노인에게 다음 세대에 물려줄 유산을 낳는 행동으로 연결되었다고 해석할 수 있다. 둘째, 젊은 세대가 노인을 가르치거나 돕는 경우와 관련해서 Hernandez & Gonzalez(2008)에 따르면, 대학생들이 노인들(평균 나이 75세)에게 운동방법을 가르쳐주는 세대간 학습 프로그램에 참가한 노인들은 대학생이 아닌 직업 트레이너들에게 운동 방법을 배운 경우보다 통계적으로 유의미하게 우울증 정도가 감소하는 것으로 조사되었다. 그리고 대학생들과 함께 운동을 배운 노인들의 세대 간 활동 전과 후를 비교할 경우 활동 후에 스스로 자신들에 대한 부정적 인식이 유의미하게 줄어들었다. 이는 젊은이들과의 활동을 통해서 노인 세대가 스스로 자신의 유용성을 깨달은 학습의 결과로 해석된다(Hernandez & Gonzalez, 2008). 셋째, 두 세대가 함께 하는 활동과 관련해서는 젊은이와 노인들이 한 학기 동안 한 달에 한 번 모여서 60-90분 동안 읽은 책에 대해서 토론을 한 활동에 대해서 질적 연구를 실시한 결과 다음과 같은 긍정적 변화가 발견되었다(Lohman et al., 2003). 첫째, 두 세대 모두 서로에 대해 보다 잘 이해할 수 있게 되었다. 둘째 서로의 견해, 경험, 신념, 흥미 등을 배움으로써 자신의 전반적 사고력을 신장시킬 수 있었다고 했다. 노인의 세대 간 활동 참여는 젊은 세대와의 접촉을 통해서 새로운 경험을 통한 지식의 습득, 태도의 변화, 자기 성철의 기회를 노인들에게 제공해주는 경험학습의 한 형태가 될 수 있다.

●●● 영성과 관련된 활동

노년기는 영성이 발달하는 시기로 여겨진다(Kimble et al 1995). 인생의 마지막 단계에서 곧 죽음이라는 삶의 한계에 다다른 노년기에 인생의 의미와 죽음 이후의 세계에 대한 답을 줄 수 있는 종교 혹은 영성에 관한 관심이 증대된다(Wink & Dillon, 2002). 종교와 영성은 서로 밀접하게 연관되어 있기 때문에 그 구분이 쉽지 않다. 대체로 영성이란 시간과 장소를 초월해서 경험할 수 있는 인생의 의미, 나와 타인과의 관계, 신령한 존재에 관한 이해와 관련된 개인적 경험이지만, 종교는 공식화된 교리 안에서 이루어지는 활동으로 동시대의 윤리적 강령과 문화적 가치를 포함하는 개념이다(Tisdell, 2008). 영성은 건강한 혹은 질병을 갖고 있는 노인들 모두에게 육체적, 정신적 건강과 삶의 질과 긍정적 관계가 있다고 여겨지고 있다(Hooyman & Kiyak, 2005). 노인들의 영성을 높여주는 활동으로 기도, 명상, 삶의 경험 나누기, 일기 쓰기 등이 있다(Hooyman & Kiyak, 2005). 이러한 활동들은 모두 노인의 반성적 사고와 관련이 있는 것으로 영성과 관련된 활동을 자신의 경험을 돌아보고 이를 통해 교훈을 얻는 경험학습의 하나의 방법이 될 수 있다.

결 론

노인은 가장 많은 경험을 가진 학습자이다(Jarvis, 2001). 노인 교육에 관한 대부분의 연구는 정규 교육 프로그램에 관한 연구가 주를 이루었기 때문에, 노인을 둘러싼 다양한 경험을 통한 학습 형태의 이해가 부족했다. 경험학습의 핵심은 자아성찰을 통한 새로운 태도와 지식의 습득으로 이해했을 때, 노인의 경험학습 연구는 노인 학습의 이해와 연구 폭을 넓히게 된다. 학습은 나이의 한계를 넘어서 자연스럽게 이루어진다. 이것을 대표적으로 보여주는 연구로 Fenimore(1997)가 캐나다에 거주하는 18명의 백 세 이상의 노인을 대상으로 실시한 질적 연구가 있다. 이 연구에 따르면 백 세 이상의 노인들은 친구들과 대화하기, 다른 사람들의 대화 듣기, 각종 미디어(TV, 잡지, 신문, 우편물, 책), 다양한 신체활동(걷기, 뜨개질하기) 등을 통해 다양한 학습이 이루어진다고 했다. 특히 단지 산책하기, 창밖을 통해 보이는 자연의 변화를 목격하는 경험마저도 새로운 지식을 습득하는 계기가 된다고 했다. Fenimore(1997)가 지적한 것처럼 회고활동, 세대 간 활동, 영성과 관련한 활동 외에도 노인에게 다양한 경험을 통한 학습은 활발하게 이루어질 것이다. 노인의 다양한 경험을 통한 학습에 관한 후속 연구를 통해서 노인 학습의 보다 깊은 이해를 기대해본다.

••• 참고 문헌

장미옥 (2008). 우리나라 노인교육의 성과와 전망. Andragogy Today 11(1). 한국성인교육학회. 57-83.

한정란 (2005). 노인교육의 이해. 서울: 학지사.

Chen, L., Kim, Y. S., Moon, P., & Merriam, S. B. (2008). A review and critique of the portrayal of older adult learners in adult education journals, 1980-2006. *Adult Education Quarterly. 59*(1), 3-21.

Erikson, E. H. (1959). *Identity and the life cycle*. New York: Norton.

Fenimore, M. A. (1997). My brain is still working: Conversations with centenarians about learning in their second century of living. *Canadian Journal of Studies of Adult Education, 11*(1), 57-70.

Havighurst, R. (1952). *Human development and education*. NY: David McCay.

Herrmann, D. S., Sipsas-Herrmann, A., Stafford, M., & Herrmann, N. (2005). Benefits and risks of intergenerational program participation by senior citizens. *Educational Gerontology, 31*(2), 123-138.

Hernandez, C. R. & Gonzalez, M. Z. (2008). Effects of inter-generational interaction on aging. Educational Gerontology, 34(4), 292-305.

Hooyman, N. R., & Kiyak, H. A. (2005). Social gerontology: *A multidisciplinary perspective* (7th ed.) Boston: Pearson.

Horn, J. L., & Cattell, R. B. (1966). Refinement and test of the theory of fluid and crystallized general intelligences. *Journal of Educational Psychology*, *57*, 253-270.

Jarvis, P. (2001). *Learning in laterlife*. London: Kogan

Kimble, M., McFadden. S., Ellor, J., & Seeber, J. (1995) (Eds.) *Aging, spirituality, and religion: A handbook*. Minneapolis, MN: Augsburg Fortress.

Knowles, M. S. (1973). *The adult learner: A neglected species*. Houston: Gulf.

Levinson, D. J. (1979). *Seasons of man's life*. New York: Ballantine Book.

Lindeman, E. C. (1961). *The meaning of adult education in the United States*. New York: Harvest House.

Lohman, H., Griffiths, Y., Coppard, B., & Cota, L. (2003). The power of book discussion groups in intergenerational learning. *Educational Gerontology, 29*(2), 103-115.

Maslow, A. H. (1954). *Motivation and personality*. New York: Harper.

Merriam, S. B., Caffarella, R. S., & Baumgartner, L. M. (2007). *Learning in adulthood* (3rd ed). San Francisco: Jossey-Bass.

McClusky, H. Y. (1973). Education towards a national policy on aging (Final report, Vol 2, 1971 White House Conference on Aging). Washington, DC: Government Printing Office.

Schaie, K. W. (1994). The course of adult intellectual development. American *Psychologist, 49*(4), 304-313.

Tisdell, E. J. (2008). Spirituality and adult learning. In S. B. Merriam (Ed.), *Third update on adult learning theory* (pp. 27-36). New Directions for Adult and Continuing Education, No. 119. San Francisco: Jossey-Bass.

Wink, P. & Dillon, M. (2002). Spiritual development across the adult life course: Findings from a longitudinal Study. Journal of Adult Development 9(1). 79-94.

05

부모로서 경험학습:
장애아 부모의 경험을 중심으로

최성애(양양고등학교 교사)

들어가며

이 세상의 부모들은 아이의 양육을 통해서 비슷한 경험을 하기도 하지만, 각자 독특한 경험을 한다. 아이를 양육하는 경험을 통해서 자신들의 부모세대의 입장을 이해하기도 하고, 스스로 더 성숙한 부모로서의 역할을 충실히 할 수 있도록 경험과 성찰의 폭을 확장한다. 이러한 부모로서의 역할에 대한 인식변화, 자신의 환경에 대한 가치관과 태도의 변화 등은 아동·청소년기에 발달과업이 끝나는 것이 아니라 성인기 및 노인기에도 분명한 발달과업이 존재하며, 그 달성을 위한 학습이 중요하다는 생애 발달 이론(life-span development theory)과 비슷한 맥락을 갖는 것으로 볼 수 있다(한숭희, 2008).

장애를 가지지 않은 아이의 부모도 아이를 키우면서 독특한 경험을 하게 되지만, 장애아동의 부모는 그것보다 훨씬 더 복잡하고 다양한 경험을 하게 된다. 남들과 구별되는 자녀를 양육하면서 겪는 심리적, 사회적 경험은 분명 독특한 경험일뿐더러 자신의 삶 가운데 그러한 경험을 해석, 수용해야 할 필요성은 훨씬 높을 수밖에 없다. 따라서 장애아동의 부모는 자신의 인지구조와 경험, 삶의 폭에서 그것을 해석하고 성찰하는 과정을 거친다. 그 과정을 통하여 학습된 경험들이 자신과 장애아동을 제대로 인식하는 계기를 만들고, 더 나아가 사회에 대한 인식 변화가 생기고 세상을 보는 관점이 변화, 발전하는 것이다. 예컨대, 서명옥과 조원일(2008)은 장애아동의 부모는 장애아동을 키우면서 좌절과 우울을 겪지만, 그에 못지않게 장애아동으로 인해서 배우고 얻는 것도 많다고 설명한다. 그래서 어떤 가족들은 장애자녀의 양육을 통해 부부간의 결속력이 강화되고 가족 구성원 간에 강한 유대감이 형성되기도 하며, 장애자녀로 인해 부모가 보다 강한 책임감을 가지게 되기도 한다. 또한 장애자녀의 형제자매는 문제행동이 적거나 사회성이 더 좋고 장애가 있는 형제자매에게 애정을 가지고 더 잘 돌보기도 한다는 것이다.

특수교육 현장에 있으면서 부모들로부터 아이의 출생과 성장과정에 대한 이야기를 많이 듣는다. 학교생활과 가정생활의 연계는 무엇보다 중요하기 때문에 부모와 상담을 통해서 아이의 양육에 대한 정보를 얻는 것이다. 아이의 성장에 대한 이야기 속에는 부모의 양육을 통한 학습경험이 고스란히 녹아있다. 이 글은 장애아 부모들과 인터뷰를 하면서 얻은 부모들의 학습경험에 관한 것이다.

장애아동을 양육한다는 것은?

부모의 양육태도는 자녀와의 상호작용 과정에서 중요한 요인이라 할 수 있다. 특히 부모의 양육태도가 어떠하냐에 따라 자녀의 성장발달에 영향을 준다는 점에서 부모의 양육태도와 성장발달 과정과는 깊은 연관이 있을 수밖에 없다(김명희, 2000). 부모의 양육태도에 대한 일반적인 견해는 장애아동의 부모에게도 적용된다. 즉 장애아동의 부모는 장애를 가지지 않은 아이의 부모와 같이 아동을 양육하면서 부모가 되는 과정을 거치게 되는데, 여기에 조금 더 독특한 자녀와의 상호작용 과정이 첨가된다고 할 수 있다. 장애아동의 부모는 일반적인 양육경험과 장애아동을 양육하는 특수한 측면을 함께 경험할 것이다.

일반적으로 부모들은 다소 갑작스럽게 부모로서 기능을 맡게 되고, 그들 역할은 양육자에서 보초자로 눈에 띄게 빠른 속도로 역할이 변화한다. 확립되어 온 부모와 아동 사이 상호관계는 부모로서 양육기간 내내 꽤 일관성을 유지하게 되고, 아동은 계속적으로 다른 사람의 욕구와 행동에 반응하게 된다. 그리고 부모들은 아동 발달 변화에 대한 중요성을 인식하면서 동일한 발달적 변화를 겪을 것이다(이유갑 외, 2002). 이러한 변화는 장애아동의 부모도 겪는 자연스러운 것인데, 여기에 아이의 장애라는 약간의 독특함이 더해지는 것이다.

부모가 자녀의 장애로 인한 어려움을 극복하고, 스트레스에 성공적으로 대처할 수 있다면 부모는 장애자녀의 발달을 도모할 수 있고 나아가 가족 전체의 행복한 삶을 이끌 수 있다. 자녀가 자신의 잠재력을 최대한 발휘할 수 있도록 하기 위해서 부모는 장애자녀를 과잉보호하거나 자녀에 대하여 지나친 기대를 갖지 말아야 한다. 또한 현실적으로 자녀의 장애를 수용할 수 있어야 함과 더불어 자녀의 발달단계에 맞는 적절한 자극을 제공해 주어야 하며, 적절한 교육과 훈련을 받을 수 있는 기회를 열어 주어야 한다. 부모가 어떤 태도를 가지고 문제에 대응하며, 또한 구체적으로 어떠한 부모역할을 수행하느냐는 장애아의 적응과 이후의 성공적인 삶에 지대한 영향을 미친다(정현숙 외, 2002).

이처럼 장애아동 부모의 양육경험은 일반적인 부모의 양육경험에 따르면서도 장애아동을 키우면서 느끼는 독특한 경험도 함께 가지고 있다. 양육경험이 가지는 개인적, 사회적인 측면이 있기 때문에 긍정적인 부분이 더 강조되기도 하고, 부정적인 부분이 더 강조되기도 한다.

장애아 부모는 양육경험을 통하여 무엇을 학습하는가?

이 글에서 알파벳 "A"부터 "I"까지 익명으로 표기된 장애아동의 부모는 청주, 청원, 원주, 강릉, 삼척 등지에 거주하고 있다. 청주, 청원지역의 어머니는 청주시에서 특수학급을 담당하고 있는 교사의 추천으로 선정되었고, 원주지역의 어머니 5명은 원주소재 특수학교에 재직하고 있는 교사의 추천으로 선정하였다. 마지막으로 강릉의 아버지 1명과 삼척의 어머니 1명은 개인적으로 알고 있는 사이로 글의 취지를 알리고 인터뷰를 하게 되었다. 인터뷰에 참여한 부모의 아이들은 학령기에 있는 장애아동으로 모두 어린이집이나 초등학교에서 통합교육을 받고 있다.

Brooks에 의하면 육아는 양육, 보호, 발달과정을 통해 아이를 지도하는 것을 포함하는 과정을 가리킨다. 이 과정에서 육아는 아이와 부모 사이의 계속되는 일련의 상호작용이고, 이런 상호작용은 둘 사이를 변화시킨다. 이 과정 또는 상태는(신체적, 사회적, 감정적으로 그리고 개인의 지적발달에 영향을 주고 이끄는) 부모, 형제자매, 또래집단, 친척, 교사, 친구와 같은 다양한 사람에 의한 행동으로 확대되어져 왔다(이유갑 외, 2002).

아동이 장애를 겪지 않는 부모와 마찬가지로 장애아동을 키우는 부모도 아이를 양육하는 과정에서 아동과 상호작용을 하면서 부모가 되는 기쁨을 느낀다. 또 장애를 발견하면서 불안과 우울한 감정을 느끼지만 아이의 장애를 받아들임으로써 아이의 존재와 자신의 삶을 반추하는 과정을 겪게 된다. 부모 되기는 단순히 아이를 키우는 과정이라기보다 아이를 키우는 과정을 통해서 부모가 다양한 정보를 얻고, 이를 통해서 올바른 자기 인식을 하게 되고, 더 나아가 세상에 대한 관점의 변화까지 이끌어내는 과정이다.

양육경험을 통하여 학습한 것은 크게 장애아동의 돌봄에 요구되는 정보 요소와 장애와 사회에 대한 시각의 변화 그리고 자신의 정체성에 대한 인식수준 변화로 요약할 수 있다.

••• 장애아인 아이를 돕기 위한 정보를 얻는다.

9명의 부모들은 아이의 장애를 알게 되면서 어떻게 하면 장애를 극복할 수 있을지 다양한 경로를 통해서 지식과 정보를 얻고, 학습을 통해서 아이에게 가장 필요한 것이 무엇인지 알아나가게 된다. 병원, 치료실, 복지관, 학교 등 부모가 접할 수 모든 시설과 친구, 가족, 친지, 이웃집 사람들, 장애를 가진 부모님들 등 접할 수 있는 모든 사람들로부터 정보를 얻기 위해서 노력했다. 그러나 기관에 따라서 부모가 접하는 사람들에 따라서 그 정보는 너무 달랐다. 부모들이 아이들을 키우던 당시는 지금과 비교해보면 특수교육에 대한 정보가 너무 부족했기 때문이다. 여러 기관을 돌아다니면서 때로는 전혀 도움이 안 되고 상처만 받기도 하고, 그러다가 또 좋은 시설과 선생님을 만나 기뻐하기도 했다.

첫째, 부모들은 장애에 대한 의학적인 정보를 얻기 위해 노력한다. 부모들이 아이의 발달이 다른 아이들과 다르다는 것을 알아채고, 병원을 찾았을 때는 단순한 진단만 바라는 것이 아니다. 아이의 장애에 대한 진단과 원인을 제대로 알고, 치료서비스와 조기특수교육을 받기 위한 것이다. 그러나 대부분의 병원에서는 검사를 통한 장애 진단만 해줄 뿐 제대로 된 원인 규명이나 차후 관련 서비스를 어떻게 받는지에 대해서는 정보를 주지 않았다. 이로 인해 부모들은 막연한 기대감이나 불안감 속에서 오랜 시간을 보내게 되고, 모든 지원서비스를 개인의 힘으로 찾아서 받아야 하는 힘든 과정에 놓이게 된다. 병원에서는 정확한 장애 진단과 지원서비스와의 체계적인 연계를 제공할 필요가 있다.

병원에서는 아이의 정확한 상태를 진단하지 못했고, 발달에 문제가 있는 것을 발견하고서도 아이가 어리니까 좀 더 지켜보자고 말했다. 또 아이를 의학적으로 정확하게 진단했다고 하더라도 그 이후의 치료와 교육에 대해서 거의 대부분의 의사가 도움을 주지 못했다. 장애를 가진 아이의 경우 정확한 진단과 치료는 그 무엇보다도 중요하다. 그러나, 병원과 치료실이 연계된 경우는 드물었고 또한 의사들도 병원치료 외에 장애를 가진 아이들에게 필요한 처치를 모르고 있었기 때문에 부모들은 제대로 된 정보를 얻지 못했다. 물론 "C" 어머니처럼 병원 의사의 권유로 치료를 시작하게 된 경우도 있지만, 다른 부모들은 의사에게 도움을 받지 못했고 그래서 치료시기를 놓쳐서 병원에 대한 불신을 하는 계기가 되었다.

둘째, 부모들은 장애에 대해서 알게 되거나 진단을 받고 난 후 특수교육에 관심을 갖게 된다. 장애아들에게 특수교육은 무엇보다 중요하기 때문에 치료실과 교육기관에서 정보를 얻고 실제적으로 아이에게 필요한 것들을 배우게 되는 것이다. 치료실이나 어린이집, 학교에서 받는 교육을 집에서도 연계시켜 교육 효과를 극대화시키기 위한 것이다. 이 과정에서 부모들은 치료사와 교사들에게 많은 정보와 도움을 받아 아이의 교육에 적용하게 된다. 그러나 치료실의 수업 방식 때문에 부모가 정보를 제대로 얻지 못하는 경우도 있었고, 특수교육과 통합교육에 대한 이해가 부족한 시설장으로 인해서 아이는 적절한 교육을 받지 못하고 부모는 정보를 얻기는커녕 교육환경을 개선시키느라 노력하기도 하였다. 제대로 된 특수교육 정보를 얻지 못해서 스스로 공부를 하는 부모들도 있었고, 장애인 활동보조인이나 특수학교 방과후 교사로 일하면서 특수교육관련 정보를 얻는 경우도 있었다.

어린이집, 치료실, 학교로부터 얻은 정보는 다양했다. 별로 도움을 받지 못한 경우부터 아이에게 꼭 필요한 정보를 얻을 수 있었다는 경우까지 아이가 다닌 곳이 어디고, 어떤 선생님을 만났느냐에 따라 다른 경험을 하게 된다. "A" 어머니 같은 경우는 아이의 학교 선생님으로부터는 아이의 학교생활에 대한 이야기를 나누는 정도고, 자신이 특수교육보조원, 방과후 교사로 일하는 특수학교 선생님들로부터 많은 정보를 얻고 있었다. 교사들이 아이들에게 하는 것을 직접 관찰한다거나 궁금한 것은 물어보면서 특수교육에 관한 다양한 정보를 얻었다.

대부분의 부모가 치료교육을 다 받았지만, 1 : 1 교육이기 때문에 어떻게 진행되는지 볼 수 없고, 또 치료사가 들려주는 이야기도 "오늘 잘했어요." 같은 단편적인 대답밖에 들을 수 없어서 아쉬워하고 있었다. 그러나 "C" 어머니는 치료실에 만족했고, 치료실에서 주는 정보들이 아이와 자신에게 많은 도움을 줬다고 말했다.

부모들이 느끼고 있는 불만과 만족은 모두 개별특수교육기관과 교사의 차이에서 비롯된 것 같다. 이는 특수교육이 아직 체계를 잡고 있지 못했고, 사설교육기관과 공교육기관, 지역별 차이가 크기 때문으로 보인다. 그렇다 하더라도 대부분의 부모는 아이의 장애를 발견하고 치료하고 교육받기 시작하면서 치료실과 어린이집으로부터 실제적인 치료 서비스와 특수교육에 대한 정보를 얻고 있었다.

셋째, 단순히 가깝게 지내는 장애아동 부모들이나 같은 교육기관을 다니고 있는 아동의 부모들로부터 얻는 정보도 많았지만, 부모들의 모임을 통해서 다양한 정보를 얻고 공유하고 있었다. 이웃에 있는 부모들로부터는 장애아동의 진단과 병원치료, 조기교육실에 관한 정보를 많이 얻고 있었고, 부모 모임을 알고 나서부터는 모임에서 주는 정보와 강연회, 인터넷 자료들을 통해서 정보를 얻고 있었다. 특히 인터넷의 보급으로 대부분의 부모들이 인터넷을 통해서 부모모임의 정보를 얻고, 그 정보들은 부모모임 인터넷 카페를 통해서 널리 공유되고 있었다. 장애아동 부모모임에 대한 정보는 부모들의 아동양육 뿐만 아니라 자신의 관점과 정체성의 변화에 중요한 영향을 끼치는 요인이 되었다.

장애아동을 키우면서 부모들은 비슷한 처지의 장애아동의 부모를 만나서 위로를 받고 정보를 얻다가 거기서 더 나아가 모임을 만들고, 또는 모임에 참여함으로써 더 많은 정보를 얻고 있었다. 주변에서 얻는 정보는 한계가 있지만, 지역 내의 부모들의 모임에서는 훨씬 많은 정보를 얻고 있었다. 부모모임에 관한 정보를 얻고 활동하는 중요한 것은 이 후의 연구결과에서 부모의 관점변화, 정체성의 변화와 연관되기 때문이다. 부모모임은 장애아동 부모의 학습경험과 학습과정을 이해하는데 중요한 열쇠가 된다. 특히, 원주지역은 세잎 클로버라는 부모모임이 몇 년 전부터 활성화 되어서 이 모임을 통하여 장애아동 부모들은 꾸준히 모임을 가지고 정보를 교환하고 있었다.

••• 자신과 세상에 대한 관점이 변한다.

처음에 부모들은 장애아동에 관한 진단과 치료에 몰두하느라 다른 것은 거의 생각하지 못했다고 했다. 장애를 비정상이라는 범주에 넣고 아이를 정상의 상태로 만들기 위해서 병원과 치료교육기관을 찾아다녔다. 이때의 부모들은 장애를 극복해야 할 대상으로 생각할 뿐이고, 또한 자신과 아이에게 왜 이런 불행이 찾아왔는지 알 수 없다며 큰 슬픔에 빠져 있었다. 이러한 상태에서 부모는 세상에 대한 원망, 자신에 대한 책망으로 자신과 세상에 대해서 부정적인 시각을 갖게 된다. 혹은 얼마든지 장애를 극복할 수 있다는 잘못된 인식을 하는 경우도 있다. 어떤 경우든 자신과 장애아동을 제외한 다른 가족들의 삶은 피폐해 질 수밖에 없다. 그러나 차츰 장애를 받아들이게 되면서 장애아동 부모로서 어떻게 사는가에 대해서 고민을 하기도 하고, 나아가 세상에 대해서 변화된 시각을 갖게 된다. 오로지 자신과 장애아동만을 바라보던 시각에서 벗어나 아이의 장애는 자신이나 가족의 탓이 아니며, 장애아동을 가진 다른 가족들을 볼 수 있게 되고 더 나아가 장애의 문제가 개인의 문제가 아니라 사회의 문제라는 더 큰 시각을 갖게 되는 것이다. 물론 모든 부모가 관점의 변화를 다 겪은 것은 아니지만, 이런 관점 변화를 거친 부모들은 자신과 세상에 대해서 훨씬 긍정적인 사고를 하게 된다.

첫째, 장애아동 부모로서 자신에 대한 시각이 변화하는 기회를 갖게 된다. 장애아동을 키운다는 것은 처음에는 받아들기 힘들고, 장애를 받아들이더라도 경제적, 신체적, 정신적 문제들이 따르기 때문에 부모들은 매우 힘들어했다. 그러나 장애아동 부모로서 자신에 대해서 새롭고 긍정적인 시각을 가지게 되면서 이런 부분들을 많이 극복하게 되었다. 이러한 시각 변화는 다른 부모들을 통해서 혹은 부모활동을 하면서 얻게 되기도 하고, 양육경험 속에서 이렇게 저렇게 부대끼면서 부모 스스로 깨닫기도 하였다. Mezirow가 말한 전환학습의 측면에서 부모들의 자신에 대한 시각변화를 설명할 수 있을 것이다. 부모들은 장애아동 양육경험을 통해서 스스로 자신들의 경험에 관한 관점과 시각을 해석하고 그 준거의 틀을 만드는 것이다. 학습과정에서 준거의 틀은 변화되고 재형성되는 과정을 거치게 된다.

아이의 장애를 받아들이면서 부모 자신이 어느 정도 긍정적인 모습을 받아들였지만, 사실 장애가 개개인의 문제로 남는다면 부모는 늘 마음 한구석에 장애아동에 대한 미안함이 남을 것이다. 그래서, 부모들은 부모모임을 통해서 장애를 그냥 개인의 문제, 가족의 문제로 보지 않고 적극적으로 사회에서 책임지고 함께 고민해나가면서 풀어야할 문제라는 인식을 하게 된다. 그렇게 장애가 사회적 존재로 인식되어야만 장애아 부모로서 자신의 모습을 제대로 인식할 수 있다는 것을 알게 되는 것이다.

그러나 몇몇 부모들은 여전히 아이의 장애를 인정하면서도 자신을 자책하고 혹은 아이가 더 크면 정상이 되지 않을까 하는 막연한 기대를 가지고 있었다. 이런 부모들은 장애부모 모임을 하지 않던가 아니면 적극적으로 활동하지 않은 경우에서 나타났다. 장애와 관련해서 사회적인 목소리를 낼 수 있는 모임에 가입하여 활동하는 것과 개인적으로 대처하는 것과 큰 차이가 있음을 알 수 있다.

둘째, 세상에 대한 변화된 생각을 갖게 된다. Welton이 좀 더 적극적인 의미에서의 성인교육은 가능성의 사회를 실현해 나가는 사회적 의지와 사회 개조를 염두에 둔 것이라고 했는데, 부모들은 세상에 대한 변화된 시각을 갖게 되면서 사회참여적인 목소리를 내기 시작한다. 모든 부모가 이런 단계까지 이르는 것은 아니지만, 자기 정체성을 깨닫고 자신에 대한 긍정적인 시각을 가지게 된 부모들은 가정의 틀 안에서의 양육을 넘어서 사회적 틀 안에서의 양육의 의미를 깨닫게 되는 것이다.

처음에 부모들은 아이와 자신에 대한 시각도 제대로 갖추지 못하고 힘들어하다가 장애아 부모로서 자신에 대해서 훨씬 긍정적인 생각을 갖게 된다. 대부분의 부모들이 이 단계까지는 시간이 걸리더라도 나아가는 경향을 보였다. 그러나 세상에 대한 변화된 생각을 가지는 것은 더 큰 용기와 적극성이 필요하다. 문제 상황에 직면하더라도 어떤 부모는 참고 무심해지기도 하지만, 또 어떤 부모들은 그 문제 상황을 적극적으로 해결하기 위해 때로는 혼자서, 주위의 부모들과 연대해서 자신들의 요구를 관철시킨다. 이렇게 조금씩 개선되는 상황을 보면서 부모들은 희망을 가지게 되고 자신과 아이에 대한 관점에서 보다 폭넓은 세상에 대한 관점을 갖게 되는 것이다.

"F" 아버지와 "G" 어머니는 지역에서 굉장히 열심히 부모연대 활동을 하고 계신 분들이다. 처음에는 장애아동 부모들과 모여 아이 이야기를 하면서 함께 울고 정서적인 공감대를 형성하는데서 그쳤다. 그러다가 장애란 것이 개인의 문제가 아니라 사회적인 문제란 것에 눈을 뜨게 되고 거기서 더 나아가서 이 문제를 해결하기 위해서는 부모들이 나서서 요구를 해야 하고 그래야 세상이 바뀐다는 것을 알게 된다. 그리고 자신들이 요구하는 것이 정당하고 요구안들이 지역에서 실제로 받아들여져서 훨씬 나은 교육환경이 조정되는 것을 직접 경험하게 된다. 다른 지역에서 이루어진 사례를 보고 우리 지역에 맞는 것들을 준비하는 과정에서 교육청과 지역사회에 대한 태도도 한 걸음 더 나아가게 되는 것이다. “G” 어머니는 그 전까지는 교육청에서 알아서 다 해주는 것이라고 생각하고 있었는데, 이제는 그게 아니라 사회에 필요한 요구를 하는 것이 정당하다는 것을 알게 되고 ‘이렇게 좋은 것을 왜 몰랐나, 그리고 이렇게 좋은 것을 왜 다른 사람들은 안할까?’ 라는 생각을 하면서 사회를 바라보는 관점이 폭넓게 변화하게 되었다. “F” 아버지도 힘을 모으면 교육환경을 개선하고, 지역사회를 바꿀 수 있다는 믿음을 가지고 있으면서 용기를 내지 못하는 부모들에 대해서 안타깝게 생각하고 있다.

셋째, 장애아동의 부모라는 사실을 수용하면서 자기 정체성이 변화하는 과정을 겪게 된다. 장애아동의 부모들은 장애 진단을 받기 전이든 후든 아이의 장애에 대해서 어느 정도 알고는 있지만 받아들이기 힘들어한다. 대부분의 부모들이 장애진단을 받기 전에 아이의 장애를 알았다고 했다. 그렇지만 아닐 거라고 외면하면서 유명하다는 병원과 치료교육기관을 찾아다니면서 애써 희망을 찾아보려고 했다. 현실은 아이의 장애를 받아들여야 하지만, 부모 스스로 부정하면서 장애를 받아들이지 못하는 것이다. 이때는 아이의 장애를 받아들이지 못하기 때문에 부모도 장애아동의 부모라는 사실을 수용하지 못한다. 그러다가 확실한 진단을 받고 아이에게 가장 필요한 것이 무엇인가 끊임없이 고민하고 방법을 모색하면서 아이의 장애를 받아들이게 되는 것이다. 아이의 장애를 있는 그대로 받아들이게 되면서, 아이의 장애는 자신의 탓이 아니라는 것도 깨닫게 되고 죄책감에서 벗어나 비로소 자기에 대한 부정적인 이미지에서 벗어나게 된다. 이것이 부모들이 장애아동의 양육을 통해서 최초로 얻게 되는 긍정적인 자기 정체성일 것이다. 현실을 부정하는 것과 미화시키는 것은 당장은 마음이 편할지 몰라도 오랜 시간이 지나면 그것이 오히려 아이와 자신에게 도움이 되지 않는다는 것을 깨닫게 되는 것이다. 아이의 장애를 수용하고 또 자신이 그 장애아의 부모라는 사실을 받아들이게 되면서 아이의 치료교육에도 변화가 생기고 자신은 물론이고 다른 가족들도 장애아를 받아들이게 되는 새로운 삶이 시작되는 것이다.

아이의 장애를 받아들인다는 것은 부모에게 힘든 일이다. 대부분 설마, 설마 하다가 진단을 받으면서 하늘이 무너지는 것 같았다고 하는 부모도 있고, 이미 장애 진단을 받았을 때는 아이의 장애를 인정하고 있었다고 하는 부모도 있다. 그러나 어떤 식으로든지 처음에는 부정하고 싶던 아이의 장애가 받아들여지면서 본인의 마음도 편해지고 아이를 위한 치료와 교육에 있어서 새로 시작하는 계기가 되는 것이다. 아이의 장애를 인정하기 전에는 아이를 정상으로 만드는 게 목표였다면, 아이의 장애를 인정하고 나서의 교육은 아이의 현재 수행능력에 따라 단계별 교육을 하고 발달이 늦은 것을 인정하고 아이의 눈높이에 맞추어 교육을 할 수 있게 된다. 그러나, 아이의 장애를 받아들였지만, 꿈이었으면 좋겠다고 생각하는 "I" 어머니의 마음은 아이에 대한 안쓰러움으로부터 기인한다고 볼 수 있다.

장애아 부모는 양육경험을 통해서 어떻게 학습하는가?

경험을 통해서 어떻게 학습하는지를 살펴본 결과 크게 세 가지 경험과정을 통해서 학습을 하였다. 첫째, 자신이 처한 현실 조건에 대한 성찰을 통해서 현실을 이해하고 수용하는 과정이 이루어졌다. 둘째, 다양한 지원 프로그램을 적극적으로 탐색하고 능동적인 참여와 활동을 수행하는 가운데 학습을 전개하였다. 셋째, 자신과 비슷한 입장의 부모들과 소통, 교류, 연대를 통해서 상호간 사회적 적응을 돕는 공동학습의 과정을 경험하였다.

••• 자기 성찰을 통해 현실을 인식하는 방법을 배운다.

부모들은 모두 장애아동과 장애를 가지지 않은 아동을 함께 키우고 있었다. 대부분의 부모들은 장애를 가지지 않은 아동을 키울 때는 잘 몰랐다거나, 혹은 장애아동에 대한 치료와 교육으로 장애를 가지지 않은 자녀에게 제대로 신경 써주지 못한 부분에 대해서 미안해하고 있었다. 그래서 이제는 과거처럼 장애아동에게만 몰두하지 않고, 장애를 가지지 않은 다른 자녀뿐만 아니라 자신과 남편까지 가족 모두의 생활이 중요하다는 인식을 하게 되었다. 흔히 말하는 모성이라고 하는 것, 가족에 대한 책임감, 부모로서의 인내심, 다른 사람의 시선 등 실제로 아이와 자신에게 도움이 되지 않는 것에 너무 메여있었다고 술회했다. 장애아동을 키울 때는 장애를 극복한다는데 급급해서 잘 보지 못했던 부분을 이제 어느 정도 아이가 성장했고, 부모도 자신을 뒤돌아 볼 기회를 가지게 된 것이다. 그래서, 대부분의 부모가 편해졌고 아이와 스스로를 인정하게 되었다고 말하고 있다. 부모들은 알게 모르게 자기 성찰을 통하여 현실을 제대로 인식할 수 있는 방법을 터득한 것이다.

"A" 어머니는 결혼하기 전에는 직장이 끝나면 여러 가지 배우고 싶은 것을 배우고, 자기를 위해 투자를 많이 하는 편이었다. 결혼하면서 아이를 키우면서도 남들 부럽지 않게 할 수 있는 거 다 해주면서 아이들에게 욕심을 냈다고 한다. 그러나 둘째 아이를 키우면서 지금까지 아이들에게 해오고 기대했던 것이 욕심이었다는 것을 스스로 깨닫게 된다. 목표를 세워서 거기까지 가야 한다는 강박관념에서 벗어나니 스스로도 편해지고, 둘째 아이에게 훨씬 긍정적인 태도로 접근할 수 있게 된 것이다. 스스로는 포기라는 조금은 부정적인 표현을 썼지만, 욕심에 대한 포기는 자신을 돌아보고 인생에 있어서 중요한 것을 깨닫고 난 후의 변화이다. 요즘은 주위에서 자신에게 도

닦았냐고 한다며 자기 자신에 대해 긍정적인 사고를 하게 되어 스스로 만족감을 느낀다고 하였다. 그래서 둘째 아이의 양육경험이 자신에게는 너무 고맙고 소중한 것이라고 "A" 어머니는 회고했다. 큰 아이와 다르게, 큰 아이 키울 때 느끼지 못했던 것들을 장애아동인 둘째를 키우면서 느꼈고, 자기 자신에 대한 반성과 성찰을 하게 되어 아이를 인정하고, 지금의 자신을 받아들이게 된 것이다.

사람들은 자신이 행복하다고 느끼거나 삶이 편하다는 생각이 들 때는 자신이 겪은 일을 잘 돌아보지 않는다. 주위에서 권유하는 대로 하고 싶은 거 접고 남들이 하듯이 대학에 진학하고, 직장을 잡고, 또 결혼할 나이가 되어서 결혼을 하는 과정까지 모두 간절함이 없었다. 그래서 그냥 뒤로 물러서기만 했는데, 결혼을 하고 장애아를 키우면서 절박해졌기 때문에 이 방법도 찾아보고 저 방법도 찾아보고 스스로 해야 한다는 것을 알아가게 된다. 게다가 "B" 어머니는 아이를 키우는데 남편이 전혀 도움이 안 되었고, 아직도 남편의 문제에 대해서는 예전에 스스로 그렇게 대처 하는 게 나았는지 아닌지에 대해서 확신을 내리지 못하고 있다. 남편의 지지와 도움이 전혀 없이 두 아이를 키우고 있기 때문에 경제적인 여건도 굉장히 힘들지만, 지금은 어느 정도 아이들과 자신의 미래도 생각하면서 삶을 살아가고 있다. 남들에게 안 그런 척, 스스로를 숨기면서 힘들게 지낸 과거를 돌아보며 자신의 모습을 다시 생각하는 계기를 가진다. 어려운 상황에 처한 것에 대한 회피가 아니라 그 상황에서 자신이 그렇게 할 수 밖에 없었던 모습을 인정하면서 스스로 편해지고, 자신을 놓아주게 된 것 같다. 자신이 갇혀 있었다는 표현을 썼는데, 지금은 갇혀 있던 곳에서부터 나와서 자신을 어느 정도 객관적으로 돌아볼 수 있게 되고 스스로에게도 다른 사람들 앞에서도 훨씬 솔직해지고 당당해진 모습을 보여 주고 있다.

"E" 어머니는 자녀를 두 명 키우고 있는 상태에서 늦둥이로 막내를 낳았다. 그래서, 남편도 아이의 양육에 많이 도움을 주고 집안 식구들의 사랑을 많이 받았다. 그러다가 아이의 장애를 알게 되고, 힘든 상황을 겪었지만 "E" 어머니의 긍정적인 사고방식으로 잘 극복하였다. 혼자 보내는 시간을 좋아하고, 스스로 자신의 감정을 다스릴 줄 아는 본인의 성격이 아이를 받아들이고, 자신의 상황을 받아들이는데도 많은 작용을 한 것 같다. 막내를 낳으면서 그만둔 미용실에 대한 희망도 가지고 있으며, 현재의 삶을 받아들이고 지내다보면 더 나은 미래가 오리라는 긍정적인 사고를 하고 있었다. 그래서 진단 자체는 중요하지 않고, 진단서에 적힌 문구로 인해서 마음이 달라졌다는 것을 중요하게 생각하고 있다. 남편도 그렇고 본인도 그렇고 진단받기 전까지 기다리면 되겠지, 되겠지 라며 힘든 시간을 보내고 있었는데, 진단이 명확하게 나오면서 현실을 받아들일 수 있게 되었다고 담담하게 말했다.

"F" 아버지는 결혼을 할 생각이 없었다가 결혼을 하게 되었다고 얘기하면서 "철이 들었죠. 결혼을 안 했으면 철이 안 들었을 거예요."라고 술회했다. 철이 든다는 표현은 과거의 자기 자신을 돌아보고 현재의 자신의 모습을 바로잡아가는 과정일 것이다. 결혼하기 전의 총각 시절에 다 누렸던 그런 것들을 포기하지 않았으면, 결혼 생활을 통해서 얻을 수 있는 것을 얻지 못했을 거라는 이야기다. 결혼을 통해서 특히, 장애아를 키우는 과정을 통해서 많이 배웠다고 이야기하고 있다. "F" 아버지 같은 경우는 부모님과 아내와의 관계 때문에 많이 힘들어 하다가 지금은 거의 왕래를 하지 않고 있었는데, 자기 자식만 생각하는 부모의 마음 때문이라고 했다. 만약에 자신도 장애아를 키우지 않았더라면 그랬을 것이라고 한다. 그런데 장애아를 키우면서 비장애아를 키울 때는 겪지 못했던 많은 경험들을 통해 인간에 대해서 배우고, 다시 뒤집어 생각할 수 있게도 되었다고 한다. 결혼과 장애아 양육을 통해서 자기 성찰을 하는 모습을 가장 잘 이야기해 준 대목이라고 본다.

아이를 통해서 다른 사람까지 좋아진다는 것, 이것은 "G" 어머니가 부모활동도 열심히 하게 되는 전환점과도 관련이 있다고 본다. "G" 어머니는 남편의 경제적인 무능력과 사고들로 결혼 초기부터 자신이 아이들과 가정을 책임져야 한다는 강박관념으로 지냈다. "완벽하지 않으면서 완벽해지려고 다그치고. 그 틀에 아이를 맞추면서 키우는 거예요. 자기 전에 꼭 두 권의 책을 읽어주고. 우리 아이가 천재여서 그런 줄 알았어요. 이 아이가 그 틀에서 벗어나면 많이 혼내고 다그치고." 이렇게 큰 아이에게 자기 자신의 틀을 만들어 놓고 거기에 딱 맞춰서 아이를 키웠다고 술회했다. 그러나 처음에는 아이를 낳아서 잘 길러야 한다는 책임감이 컸었는데, 지금은 나만 책임져야 할 부분이 아니고 모두 다 같이 책임져야 할 부분이라고 생각하고 있다. 이런 과정을 철들어 간다고 표현을 했는데, 앞의 "F" 아버지처럼 장애아를 키우지 않았으면 알지 못했을 경험들과 얻지 못했을 지식들에 대해서 이야기한 것이다.

••• 사회의 각종 지원프로그램에 참여한다.

장애아들을 키우는 부모는 다양한 지원프로그램에 참여하고 있다. 치료실, 장애인종합복지관, 장애전담어린이집을 통해서 치료서비스와 각종 지원을 받고, 부모모임에서 제공하는 정보와 강연에도 열심히 참여한다. 그런데 이러한 프로그램들이 부모들에게 경제적인 부담이 되는 경우도 있고, 서비스를 제공받으려고 하는 수요에 비해서 서비스 제공하는 기관이나 예산이 부족해서 어려움을 겪고 있었다. 또한 이러한 프로그램에 참여하게 되는 것은 스스로 알아보는 경우도 있고, 부모모임을 통해서 참여를 하거나 프로그램 개설을 요구하는 경우도 있었다.

"B" 어머니는 원주지역의 다른 부모들처럼 부모모임인

세클을 통해서 많은 지식과 정보를 얻고 있었다. 또한 장애전담 어린이집, 복지관을 통해서도 다양한 정보를 제공받고 있었다. 특수교사가 추천해준 책을 보려고 노력은 하는데, 좀 어려워서 읽기 좋게 정리된 자료들이나 강의를 통해서 공부를 한다고 했다. 아이를 키우면서, 활동보조인으로 일을 하면서 전문서적을 읽어나가는 것은 그리 쉬운 일이 아닐 것이다. 그리고 장애인 활동보조인으로 일하고 있는데, 자신이 활동보조를 하시는 분이 복지관 활동에 참여하는데 같이 가면서 새로운 경험을 하고 있었다. 여성 장애인을 위한 강의인데, 강사들이 노인복지관에서 교육을 받고 오신 분들이라 했다. 강의 자체가 뭔가 전문적인 도움을 주거나 알찬 것은 아닌데, 거기에 참석하는 여성 장애인들과 강사로 나오시는 노인분들과 대화를 하면서 자신과 다른 생각을 가지고 있는 사람들에 대해 이해의 폭을 넓히고 있었다. 활동보조인이라는 제도로 자신의 아이도 지원을 받지만, 자신이 직접 활동보조인이 됨으로써 성인장애인에 대한 시각도 갖게 되고 더 다양한 사회적 지원을 얻게 된 것이다.

"H" 어머니는 어린이집을 보내는 틈틈이 치료실을 다니고 있었는데, 그중에서도 두뇌학습이 가장 효과적이라고 하였다. 그래서 여기서 얻는 교육적 지원이 가장 많았다고 술회했으며, 그전에 받았던 물리치료, 미술치료에 대해서도 만족하고 있었다. 예전에 받았던 작업치료, 운동치료에 대해서는 좀 불만이 있었는데, 아이의 발달에 맞추지 않고 진행한 치료방식 때문이라고 보았다. 다른 부모들에 비해서 치료실에서의 교육을 가장 신뢰하고 있었고, 그 때문에 아이가 많이 좋아졌다고 믿고 있었다. 또한 아이가 지금 다니고 있는 어린이집에는 통합교육이 가능하고 특수교사가 있고, 감각통합 수업이 있어서 매우 만족하고 있었다. 감각통합수업시간에는 자원활동을 통해서 다른 아이들의 치료 수업을 도우면서 어떤 식으로 치료가 진행되는지 배우고 있었다. 아이가 어렸을 때에 비해서 청주지역의 특수교육 관련기관이 많이 생겨서 다양한 지원을 받을 수 있게 되어서 좋다고 말하면서도, 교육비가 비싸서 집이 힘든데 치료를 받아야 하는 장애아동들에게는 경제적 지원이 따라야 할 것이라고도 말했다.

"I" 어머니는 어렸을 때부터 치료교육을 받았는데, 도움이 많이 되었지만 아이의 발달이 워낙 늦어서 걱정이라고 하였다. 또 어린이집에서도 다 잘해주었기 때문에 만족하고 있었다. 그러다가 아이가 초등학교에 들어갈 무렵 걱정이 많이 되어서 1년 유예를 하고 학교를 찾아다녔다. 마침 K 초등학교 특수학급에서 담당특수교사의 친절한 상담을 받고 마음 놓고 학교를 보냈다고 했다. 학교를 보내고서도 "일주일만 보내도 잘 보냈다고 생각했어요."라고 말할 정도로 걱정이 많았는데, 원적학급 담임교사와 특수학급 담당교사의 지원으로 잘 적응하게 되었다고 했다. 그리고 이웃과 특수학급의 부모들로부터 다양한 정보를 주고받는다고 하였다.

••• 상호 연대와 협력을 통한 공동학습의 장에 참여한다.

좀 더 적극적인 의미에서의 성인교육은 가능성의 사회를 실현해 나가는 사회적 의지와 사회 개조를 염두에 둔 것이다. 이것은 성인교육 역시 지금보다는 더 나은 사회를 지향하는 데 일차적인 책임이 있음을 의미한다. 성인교육의 시작은 영국이나 캐나다의 경우 사회 불평등을 완화시키기 위한 노력으로 실천된 바 있다. 지금보다는 더 정의로운 사회, 지금보다는 더 선택적인 사회로 나아가야 한다는 사회적 대의명분에 충실할 때, 이 사회는 민주시민 문화사회를 맞이하게 된다. 가능성의 사회 실현으로서의 성인교육은 사회 쟁점에 대한 새로운 해석과 이해, 혹은 새로운 실천들과 관련되어 있다는 점에서 자연스럽게 사회 문제에 대한 해결과 접목하게 되며, 이어 이것은 민주적 학습공동체를 지향하는 개조주의 성인교육의 토대가 된다(Welton, 1995). 이와 같이 아래에 나타난 부모들 사례를 보면 학습공동체가 얼마나 중요한 역할을 하는지 알 수 있다. 혼자서 해결할 수 없는 일들을 상호 연대를 통해서 공부하고, 또 요구하는 과정에서 아이를 둘러싼 환경을 바꾸고 미래를 설계할 수 있는 기초를 마련하는 것이다.

원주지역 부모들은 세클이라는 부모연대를 통하여 장애문제를 개인의 문제가 아닌 사회적 문제로 풀어내고 있었다. 원래는 부모들끼리 정보를 공유하고 아픔을 나누는 취지에서 모인 것이었는데, 장애인교육권연대, 장애인부모연대와 함께 지역부모연대 차원에서 교육청이나 시청과 교섭을 하고 장애인 교육복지가 실현되는 것을 보면서 차츰 적극적으로 장애인문제에 대해서 고민하는 계기가 되었다. 처지가 비슷한 부모들끼리 모여서 다른 지역의 상황에 대해서 공유하고, 교육청과 지역사회에 장애인 교육과 복지 요구안을 만들어 요구사항을 전달하고 교섭을 하는 과정을 통해서 혼자서 해결할 수 없는 문제들을 연대와 협력을 통하여 조직적으로 대응하면 가능하다는 사실을 배우게 되었다. "D" 어머니도 처음에는 소극적이었다가 많이 적극적으로 활동하려고 노력하고 있었다. 가까이는 자신의 장애자녀에게 도움이 되고 멀게는 원주지역 전체 장애인 복지가 향상된다는 것을 체험으로 알게 되었기 때문이다.

"F" 아버지의 경우 처음에는 집에서 부인과 이야기를 하다가 다른 지역에서 교육권연대가 조직되고 성과를 올리는 것을 보고 문제를 해결해야겠다고 생각했다. 교육청에서 교육권연대 농성하는 것에 참여하고, 어떻게 진행되는지 경험하면서 힘들어하는 부모들을 설득하고 참여를 시켜서 강릉장애인부모연대를 만들었다. 그러면서 지역에 있는 부모들과 함께 이야기하고, 지역의 장애인 문제를 풀어가고 있다. 그 과정에서 활동하는 부모들에게 상처를 받기도 하지만, 같은 목표 아래서 함께 모여서 자신들의 문제를 해결하는 모임으로 자리를 잡았다. 장애아를 키우면서 제대로 나들이 한번 제대로 못가 본 부모들이 부모연대 주최로 아이들 없이 부모들만 첫 나들이를 했다고 했다. 부모운동을 하면서 가까이 있는 부모끼리 서로 위로하고, 아이들의 교육, 복지와 관련된 장애문제들을 제기하고, 더 나아가 공동체적인 삶의 모습으로 나아가는 것이다.

내가 알고 있는 "G" 어머니는 쾌활한 성격에 사람들과의 만남을 좋아하고, 일을 할 때 추진력이 있는 분이다. 그런데 이번 인터뷰를 통해서 새로운 모습들을 많이 알게 되었다. 원래 성격이 이렇지 않았는데, ○○이를 키우는 동안 사회의 벽과 부딪히면서 지금처럼 외향적인 성격이 되었다고 했다. 아무것도 모르고 시작한 부모운동이지만, 상호 연대와 협력을 통한 공동학습을 통해서 지금의 모습까지 발전하게 된 것이다. 공동학습을 통해서 자신감을 찾고, 도움이 필요한 다른 부모에게 좀 더 나은 특수교육 기회가 있다는 것을 알리고 부모활동에 동참하도록 권유하고 있다. 성인교육에 있어서 학습자인 부모는 교수자로부터 학습을 일방적으로 받는 것이 아니라 주위의 자신과 비슷한 사람들과의 모임과 학습을 통해서 얻는 학습경험을 얻는다. 이것은 Welton이 말한 민주적 학습공동체를 지향하는 개조주의 성인교육의 토대가 되는 것이라 할 수 있다. "G" 어머니는 부모연대라는 학습공동체를 통해서 지역 부모들과 서로 도와주고 공동학습하면서 끊임없이 성장을 하고 있는 것이다.

나오며

이 글에서 이루어진 논의가 장애부모들의 양육경험으로 학습하게 되는 내용과 과정을 설명하기에는 부족한 점이 많지만, 앞으로 장애아동 양육을 통한 부모의 경험학습에 대해 더 활발한 논의가 이루어지는데 도움이 되길 바란다. 이 글을 통해 다루었던 내용과 앞으로 좀 더 다루어졌으면 하는 것은 다음 네 가지이다.

첫째, 장애아동의 양육경험은 부모에 따라서 다양하게 나타난다는 것이다. 기존의 연구에서 장애아동을 양육하는 것이 부모에게 부정적인 영향을 준다고 보고하고 있으나, 꼭 그렇지만은 않다는 것을 부모들은 보여주고 있다. 아이의 장애로 힘든 경험을 하지만, 그 속에서 가족이 서로 의지가 되면서 결속력을 다지고 아동을 통해서 세상에 대한 변화된 시각도 갖게 된다. 이것은 의도적인 것은 아니지만, 장애아동을 양육하게 되면서 부모가 반성적 자기 성찰의 과정을 통해서 학습하게 되는 것이다.

둘째, 부모의 관점에서 장애문제를 접근할 필요가 있다. 장애아동의 교육과 지원을 위해서 부모에게 무엇이 필요한지 접근하는 방식도 필요하지만, 부모의 시각과 관점에서 필요한 서비스는 다르게 나타날 수 있기 때문이다. 장애아동의 부모는 장애를 받아들이고, 자신의 정체성을 확립해 나가는 과정에서 같은 처지의 부모들과의 공동학습을 하게 된다. 이때 부모들에게 체계적인 지원서비스가 주어진다면 부모들은 부정적인 경험에서 훨씬 빨리 벗어날 수 있을 것이다.

셋째, 부모의 정체성과 자존감이 부모운동을 통하여 긍정적인 모습으로 확립된다는 것이다. 부모연대에 가입하고 활동하는 부모들과 그렇지 않은 부모들은 아이의 장애에 대한 수용과 자신에 대한 정체성, 현실에 대한 인식이 확연히 다르게 나타났다. 부모운동을 하는 부모들은 아동과 자신에 대해서 그렇지 않은 부모들에 비해서 훨씬 긍정적인 시각을 가지고 있었다는데 주목할 필요가 있다.

넷째, 장애아동 부모들을 위한 체계적인 평생교육 프로그램이 요구된다. 연구에 참여한 부모들은 어쩌면 특별한 경우에 속한 부모들 중의 일부일 수 있다. 왜냐하면 장애아동 부모모임에 참여한다거나 지역의 장애인 관련 단체에 가입하지 않은 부모들이 훨씬 많기 때문이다. 연구결과를 보면 장애를 제대로 바라보고 자신의 정체성을 확립하는 것까지는 부모가 혼자 혹은 주위의 도움을 통해서 가능했다. 그렇지만 그것을 넘어서서 사회가 가진 장애에 대한 편견을 바꾸고 장애아와 부모가 지역사회에서 행복한 삶을 영위하려고 하면 깊은 성찰과 반성을 통한 학습과 공동학습이 요구된다. 이를 뒷받침할 수 있도록 장애아동 부모를 위한 평생교육 프로그램을 개발한다면 부모들의 경험이 의미 있는 학습으로 발전될 수 있을 것이다.

참고문헌

권두승 · 조아미 (2005). 성인학습 및 상담. 서울: 교육과학사.

김명희 (2000). 현대사회와 부모교육. 서울: 학문출판.

서명옥 · 조원일 (2008). 지적장애아를 둔 어머니의 양육 경험 및 삶의 질에 대한 질적 연구. 특수아동교육연구 10(3), 319-348.

정현숙 외 (2002). 부모학. 서울: 신정.

조용환 (1999). 질적연구: 방법과 사례. 서울: 교육과학사.

한숭희 (2006). 평생교육론. 서울: 학지사.

Hamner, T. J. & Turner. P. H. (2000). *Parenting in contemporary society*. 이유갑 외(역)(2002). 현대사회와 아동양육. 서울: 교육과학사.

Mezirow, J. (1991). *Transformative dimensions of adult learning*. San Francisco: Jossey-Bass.

Welton, M. R. (1995). In defense of the lifeworld: A Habermasian approach to adult learning. *In M. R. Welton (Ed.), In defense of the lifeworld* (pp.127-156). Albany: State University of New York Press.

06

학교현장에서 교사의 경험학습

··· 김한별(한국교원대학교 교육학과 교수)

교사 경험학습의 의미

평생학습의 관점에서 학습경험을 이해한다는 것은 지금까지 주로 개인의 학습경험을 일정한 제도적 틀과 형식을 갖추고 있는 학교와 같은 교육기관에서 관찰할 수 있는 현상 중심으로 접근하였던 전통적인 입장을 넘어선다. 평생학습이란 개인이 사회적 환경과의 상호작용 가운데 갖게 되는 경험의 획득과 축적과정을 통해서 이루어지는 활동이다(한숭희, 2006). 이러한 경험 획득과 축적은 비단 제도화된 형식교육의 조건에서만 이루어지는 것이 아니다. 경험의 획득과 축적은 개인의 전 생애발달 과정에 있어서 지속적으로 발생하며, 동시에 개인이 사회적으로 처할 수 있는 모든 삶의 공간에서 일어날 수 있는 것이다. 평생학습이란 우리의 삶 가운데에서 접할 수 있는 다양한 경험들을 통해서 이루어지는 지식, 기술, 태도, 정서, 정체성 등의 지속적인 진화 과정으로 이해할 수 있다. 그런 의미에서 모든 개인은 평생학습자로서의 역할을 부여받은 것이라고 할 수 있으며, 우리 사회의 아동 및 청소년들의 개인적 성장과 사회적 적응을 돕는 역할을 부여받은 초, 중, 고등학교 교사 역시 평생학습자의 범주에서 크게 벗어나지 않는다.

일선 학교 현장의 변화에 대응하여 교사로서의 직무를 효과적으로 수행할 수 있기 위해서 교사 역시 지속적인 학습이 필요하다. 교사들은 많은 시간을 보내는 학교현장에서의 다양한 경험을 통해서 자신이 속한 학교환경에 적합한, 그리고 학교생활 가운데 대면하는 학생, 동료교사, 학부모와의 관계에서 필요한 지식, 기술, 태도를 학습해간다. 그리고 이러한 학습과정은 교사가 처한 상황에 대하여 교사자신이 스스로 해석하는 가치와 의미내용과 교사의 행위에 대한 주변 관계자들의 의미해석 수준간의 상호작용과 협상에 따라서 매우 가변적으로 나타난다. 따라서 학교현장에서의 교사의 학습은 사회적으로 고립된 상황에서 제시되는 정보나 지식을 축적해가고 그 원리를 인지적으로 이해하는 탈맥락적인 활동이라기보다, 다른 구성원들과의 상호작용 양상과 교사가 처한 구체적인 조직 상황과 깊이 관련되는 상황적 활동으로 학습을 설명하는 경험학습의 논의와 관련된다고 볼 수 있다(Fenwick, 2003; Merriam, Caffarella, & Baumgartner, 2007; Usher, Bryant & Johnston, 1997).

경험학습의 관점에서 교사들의 학습활동은 전문적인 교사로서 역할을 원만히 수행할 수 있는 역량증진에 초점을 맞추는 도구적 의미의 학습에 한정하지 않으며, 자신이 속한 학교 환경 및 문화를 이해하고, 그에 대한 통합적인 관점과 태도를 점진적으로 배양, 성장해가는 과정으로 이해된다. 그리고 경험학습이라는 틀을 통해서 교사 역시 지속적인 학습활동을 필요로 하는 평생학습자로서 조명될 수 있다. 평생학습자로서 교사는 곧 상황적 지식의 생산자로서의 위상을 복원한 모습이다. 그러므로 교사의 경험학습을 이해하는 과정은 교사 스스로가 활동하고 있는 일선 학교의 조건에서 자신의 역할을 효과적으로 수행할 수 있는 지식구성의 과정에 대한 논의이다.

여기에서는 학교현장에 내재되어 있는 다양한 현실적 조건과 문화적 특성과 관련하여 과연 교사들은 어떤 학습을 하는지를 처음 학교현장에 발령받아서 생활하기 시작하는 초임교사들의 경험을 통해서 이해보고자 한다. 이들의 경험을 중심으로 살펴볼 때, 교사의 학습을 촉진하는 경험은 [그림 1]에서 보는 바와 같이 세 가지 요소에서 발견할 수 있다. 첫 번째 요소는 학교현장에서 접하게 되는 일이나 사건에서 접하게 되는 경험이다. 이를 통해서 문제적 상황에 대한 효과적인 해결방법과 통찰을 얻는 과정이 이루어진다. 두 번째 요소는 교사가 가지고 있는 이상적 교사로서의 모습과 현실 속의 교사로서 자신의 모습간의 차이에서 오는 갈등경험이다. 학습자 내부에서 발생하는 불안정한 긴장 상황을 해소하기 위해서 학습이 발생하게 된다. 세 번째 요소는 동료교사와의 관계로부터 접하게 되는 교직문화의 가치와 규범에 대한 경험이다. 이것은 아직 충분히 익숙하지 않은 교직문화 내용에 적응하고 수용하는 과정에서 학습이 이루어지는 것을 가리킨다.

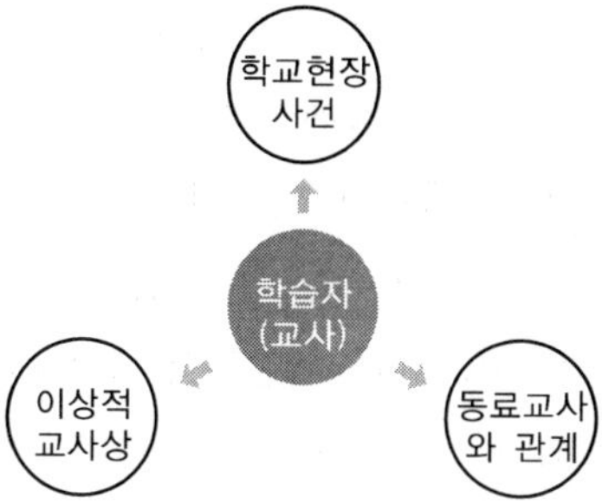

[그림 1] 교사 경험학습의 세가지 요소

효과적인 교육방법의 탐색

먼저 교사들은 교대나 사범대학에서 접한 교육경험을 바탕으로 교과수업을 잘 이끌어갈 수 있는 역량을 갖춘 교사가 이상적 모습의 교사라는 전제를 가지고 교직생활을 시작한다. 학생들의 입장에서 보았을 때, 재미있는 수업을 하고 학생들의 흥미를 지속적으로 유지할 수 있는 교사가 되기 위한 다각적인 노력을 한다. 교사들은 학생들의 흥미나 관심뿐만 아니라, 학생들의 학업성취 수준을 실질적으로 향상시킬 수 있는 전문적 지식을 가져야 한다고 생각한다. 그런데 자신들이 생각하는 이러한 이상적 교사의 모습에 비추어 보았을 때 현실 속의 자신들의 모습은 분명히 한계가 있음을 인식하게 된다. 학생들의 학습동기를 촉진하고는 싶은데 마땅한 방법을 잘 알지 못하고, 성적을 올리는데 도움이 되는 수업을 하고 싶은데, 무엇을 가르치고 어떻게 가르쳐야 할지 혼란스럽기만한 자신들의 모습에서 고민을 하게 된다.

결국 교사들이 학교현장에서 부딪히는 첫 번째 갈등은 학생들에게 좋은 교사로서 인식되어지는 동시에 스스로 자신의 모습이 이상적인 교사의 모습과 닮아 있다는 점을 인정할 수 있어야 한다는 점에서 나타난다. 이러한 갈등적 상황을 넘어서기 위해서 교사들은 누가 시키지도 않고, 누가 지적하지도 않았음에도 불구하고 스스로 학생들의 수준과 담당 교과의 특성에 부합되는 효과적인 교육의 형식과 방법을 시도하고 적용하려고 노력한다. 그럼으로써 남이 아닌 자기 자신이 보기에 좋은 교사로서 기본적으로 요구되는 효과적인 수업, 학생들에게 도움이 되는 수업을 할 수 있는 존재로 변모하기 위해서 힘쓰는 것이다.

하지만 이들이 생활하는 학교 교육의 상황은 교사의 자율성과 권한만으로 극복하기 어려운 다양한 제약들이 존재하고 있는 환경이다. 학생들의 능력 수준은 천차만별이며, 수업시간은 규정에 의해서 제한되어 있는 반면에 다루어야 할 교과서와 지도서의 분량은 너무 많다. 또한 일정한 기간 안에 수업을 통해서 다루어야 할 진도도 빠듯하기만 하다. 이러한 상황적 제약 속에서 교사들은 적당히 자신을 정당화하고 현실적 조건과 타협하기보다, 자신이 가지고 있는 이상적 교사의 역할을 충실히 수행하기 위한 대안적인 방법들을 모색하고 적용한다.

이들은 전통적인 지식과 정보를 전달하는 교사중심의

수업에 의지해서는 자신이 처한 제한된 여건에서 충분히 내용을 다루기 어려우며, 기대하는 목표에 도달하기도 힘들다고 판단한다. 그래서 자신이 담당하는 수업의 운영방식에 변화를 주려고 한다. 가령, 학생들로 하여금 예습을 하는 가운데 개인학습을 할 수 있도록 숙제를 내주고 나서, 학생들의 개별적 학습내용을 수업시간에 공유하는 가운데, 핵심적인 사항을 자신이 정리해주는 방식으로 수업을 한다. 또는 요즈음 학생들이 많이 이용하는 인터넷을 이용하여 학생들이 주로 접속하는 인터넷 포털사이트의 "카페"기능을 활용하기도 한다. 인터넷 카페를 이용하여 교실 수업에서 미처 전달하지 못하는 학습 자료를 제공하며, 수업활동을 통해서 내용의 이해정도가 부족한 학생들의 보충학습을 도울 수 있도록 보충 자료의 제시나 게시판 참여를 유도하려고 노력하게 된다.

물론 이러한 대안적 수업방법을 모색하고 적용하는 노력들이 반드시 전통적인 교육방식과 비교하였을 때 효과적이라고 볼 수는 없다. 그러나 교사가 독자적으로 시도하는 대안적 수업방법과 교육방식의 적용은 즉각적인 효과성에 대한 고민보다는, 이들이 상황적으로 분명한 한계가 있는 익숙한 교육방법에 대한 의존을 탈피하기 위한 다각적인 고민과 시도라는 점에 주목할 필요가 있다. 교사들의 이러한 시도는 문제적 상황으로 드러나는 수업상황을 타개하기 위한 능동적인 학습활동이다. 즉, 다양한 형태의 수업가능성을 탐색, 실행하고, 그에 대해서 점검

하고 평가하는 활동을 통하여 좋은 수업을 하는데 관련되는 절차적 지식과 상황적 지식을 습득해가는 학습과정의 의미가 내포되어 있는 것이다.

교사로서 자기 개발 필요성 인식

교사들은 학생들의 입장에서 의미있는 경험을 제공하려는 시도와 더불어 교사로서 자신의 노력이 스스로 가지고 있는 이상적 교사의 모습에 충족하는지 고민한다. 자신이 더 이상 실습을 하는 학생이 아니라, 하나의 수업에서 권위와 책임이 부여된 독립적인 교사라는 자기 정체성을 명확히 하고, 그러한 자기 정체성이 이상적 교사의 모습과 닮을 수 있도록 노력한다. 그렇지만 자신이 인식하고 있는 교사로서의 정체성과 그에 수반하는 능력수준에 비하여 부족한 현실 속 자신의 능력에 대해서 회의적인 생각을 많이 가지게 된다. 교사들은 이러한 괴리의 원인으로서, 자신 스스로 교사가 되기 위해 임용고사에 합격해야 했던 상황 속에서 오로지 그 목표에 치중한 공부를 한 것을 지적한다. 결과적으로 시험에 합격하는데 필요한 개념 중심의 공부를 하다 보니, 정작 현장에서 실제로 필요한 지식과 기능은 충분히 개발하지 못했던 것이다.

이러한 문제의식으로부터 교사들은 현장에서 적용할 수 있으며, 현장의 상황을 생생하게 반영하고 있는 실제적 내용에 대한 새로운 학습요구를 인식하게 된다. 그리고 교사가 되어서도 학습에 참여하는 것이 바로 이상적인 교사의 모습에 가까워지는 핵심이라고 생각한다. 구체적으로 교사들이 갖는 학습요구는 이상적 교사의 모습과 현실 속 자신의 모습 사이의 간극을 인식하는 과정에서 발생하는 경우와 학교 현장에서 발생하는 외재적인 사건에 대한 대응의 필요성에서 발생하는 경우로 나누어 볼 수 있다.

먼저 자신이 지향하는 이상적 교사상과 현실적 자아간의 차이에서 오는 긴장은 교사로 하여금 심리적 불편함을 가지게 한다. 여기서 교사가 스스로 이상적 교사의 모습에 비추어보았을 때 현실의 자기 모습의 의미를 해석하는 핵심적인 판단기준은 자신이 가르치고 있는 학생이 된다. 교사들은 학생을 중심으로 이상적 교사의 모습을 판단하고, 학생들의 성장에 도움을 제공하는 존재여야 한다고 생각한다. 충분한 지식과 경험을 가지고 있지 않거나, 주어진 수업 이외의 업무를 효과적으로 처리하지 못하여 수업준비의 결손을 야기하는 모습은 분명 교사들이 생각하는 이상적 교사의 모습과 거리가 있다. 비록 학생들에게 솔직하게 고백하지는 못하지만, 스스로 최선을 다하지 못하고 있다는 자기 인식은 결과적으로 교사의 심리적 불편함과 갈등을 유발하게 된다. 이러한 심리적 불편함은 구체적으로 죄책감, 실망, 짜증스러움 등의 감정으로 표현될 수 있다.

이러한 현실은 결국 '나는 좋은 교사인가?'라는 근본적 물음에 대해서 회의적인 태도를 가지게 한다. 따라서 교사는 내적 갈등을 해소할 수 있는 자질과 능력을 기르기 위한 다양한 시도를 하게 된다. 이러한 노력이 중요한 이유는 바로 교사의 역할에 충실하고, 스스로 그에 대해서 만족할 수 있을 때, 긍정적인 자아효능감을 가지게 되어 자신감있게 학생과 학부모를 대할 수 있으며 학교생활을 즐겁게 보낼 수 있기 때문이다.

한편, 교사들은 새로운 학습기회의 참여 필요성을 인식하고 다양한 연수기회를 탐색하고, 또 실제로 참여도 해본다. 그렇지만 나름대로 참여한 연수를 통해서 체득한 내용들이 가치로왔다고 인정은 하지만, 학교 현장에서 발생하는 사건의 원만한 해결과 대응에 관한 능력을 성숙시키는데 있어서는 제한적이었다고 생각한다. 그리고 대부분은 교사로서 역할을 원만히 수행하는데 정말 필요한 쓸모있는 지식과 기술은 현장에서 생활하는 가운데 접하게 되는 사건들로부터 얻게 된다고 이야기한다. 예를 들어서 자기 반 학생과 다른 반 학생의 싸움에 학생들의 부모님까지 개입하였던 사건을 함께 처리하던 다른 반 선생님을 지켜보고, 함께 해결방안을 고민하는 가운데 의미있는 학습경험이 발생하게 된다.

또한 체육대회 때 자기 반 학생이 예상치 못하게 다쳤던 사건에서 교사는 문제해결 방안에 대한 학습요구를 가지게 된다. 자신은 교직에 들어오기 전에 학생들의 안

전사고에 대처하는데 필요한 간단한 의학적 응급처치 지식이나 기술을 충분히 습득하고 있지 못하였기 때문에 상황이 발생하였을 때 당황한 것이다. 이때, 함께 근무하는 양호교사와의 대화와 도움은 실질적인 문제해결의 방안을 체득하는데 많은 도움이 된다. 이러한 모습은 문제 현장에 함께 존재하는 동료교사의 경험과 이들과의 상호작용의 경험이 학교현장에서 발생하는 문제를 해결하는 중요한 학습경험이 된다는 점을 보여주는 것이다.

요약하면, 학생들과의 관계에서 파악하는 이상적 교사의 모습과 현실적 자신의 모습간의 차이, 그리고 예상하지 못한 문제적 사건의 발생은 교사들의 추가적이고 계속적인 학습 노력을 추동하는 원인이 된다. 이것은 교사들이 인식하는 문제적 상황에 대한 효과적 학습은 바로 학교현장의 맥락에서 접하는 경험을 바탕으로 한 학습이라는 점을 보여준다.

교직문화에 대한 인식과 역할 정체성 형성

교사들은 교사 상호 간의 인간관계를 통해서도 다양한 학습경험을 하게 된다. 특히 초임교사의 입장에서 보았을 때, 선배교사들과의 공식적, 비공식적 활동은 교직사회가 어떠한 곳인지 체험하고 교직사회에서 교사들이 공유하고 있는 신념이나 가치를 내면화하는 과정으로서 의미를 갖는다. 동료교사들과의 관계를 통해서 단위 학교의 독특한 문화적 특성을 이해하는 것뿐만 아니라, 교직 전반에 내재되어 있는 보수적인 문화 속성을 이해하게 된다. 교직이 보수적이라는 의미는 직급과 교직경력에 따른 위계구조가 교직사회에 엄연히 존재하고 있으며, 위계구조에서 아래쪽에 위치하는 교사들은 위쪽에 속하는 관리직 교사나 선배교사들의 명령과 지침에 상대적으로 자율적이기 어려운 풍토를 뜻한다.

교직 입직단계에 있는 교사들은 교장, 교감, 부장교사, 일반교사의 직급에 따라서 명확한 서열과 권한, 명령체계를 갖추고 있는 교직의 문화가 상급 관리자로부터 지시가 내려오면 하급자의 입장에서 싫더라도 따라야만 하는 군대나 선후배들 간의 위계적 관계와 비교하였을 때 크게 다르지 않다고 느낀다. 이러한 교직 문화에서 교직 경험이 적은 초임교사는 위계구조의 가장 낮은 자리에 위치하게 되고, 주어지는 역할에 따를 수밖에 없게 된다. 예컨대, 거의 대부분의 교사가 담임을 맡는 초등학교의 상황에서 개인적 희망사항과 무관하게, 다들 가급적 피하려고 하는 교과전담 교사를 우선적으로 맡게 되는 경험은 교직사회에 위계적 구조와 불평등한 풍토가 잠재되어 있다는 것을 확인시켜준다. 이런 점에서 초임교사들이 인식하는 교직의 보수적 특성은 제도적으로는 동등한 권한이 보장되는 교사 집단 안에서, 실제적으로는 경력에 따라서 권한과 행위 가능성이 차별적으로 나타나는 점과 관련된다.

교직사회의 보수적인 모습을 학습하게 되는 또 다른 경험은 교장이나 교감선생님과 같은 관리자와의 관계에서 나타난다. 학교의 관리자로 구분되는 교장이나 교감선생님들은 주로 관리자라는 역할로 인해서 학교조직을 안정적으로 운영하려는 경향이 강하다. 또한 학교 관리자의 개인적 가치와 의지에 따라서 학교전체의 정책이나 교육시책이 좌우된다. 그러다 보니 교사들의 다양한 의견이나 입장을 반영하여 새로운 시도가 이루어지기보다는 기존의 방식과 학교 관리자가 가지고 있는 가치에 따라서 학교의 전반적인 운영 행태가 나타나게 된다. 이상과 같이 교사들은 동료교사들과의 관계를 통해서 권위적 관계, 위계적 관계, 그리고 기존의 체제가 강조되는 교직문화의 특성을 인식하게 되며, 이러한 교직문화의 성격에 대해서 '보수적'이라는 표현을 이용하여 설명한다.

그런데 흥미로운 사실은 이러한 교직문화의 보수적 성격은 교사로 하여금 수동적 정체성을 형성하게 하는 요소가 되며, 동시에 수동적 정체성에 근간한 교사의 역할수행은 다시 보수적 교직문화를 재생산하는 요소가 되고 있다는 점이다. 특히 초임교사의 경우, 동료교사들과의 관계에서 자신의 생각과 의견과 배치되는 사항이 있다고 하더라도 문제를 제기하지 않고 침묵한다. 불만이 있더라도, 겉으로 토로하지 않고 그냥 자신의 의견 피력을 참는다는 것이다. 이러한 모습에는 동료 교사들뿐만 아니라, 교사 자신이 스스로 가지고 있는 저경력 교사에 대한 통념적 인식과 기대수준도 함께 작용한다. 초임교사들은 동료교사들과의 소통 가운데 신임교사는 무조건 낮추고 겸손하게 배운다는 자세를 가지는 것이 바람직하다는 이야기를 많이 접하게 된다. 이러한 기대에 대해서 상대적으로 교직경험이 거의 없는 대부분의 초임교사들은 자신들에 대한 동료교사들의 기대나 기존의 지배적인 교직문화의 성격을 바꾸려고 시도하기보다, 순응하여 수동적 정체성을 형성하게 된다.

수동적 정체성이 형성되는 과정은 자신의 낮은 경력, 경험의 부족 등에 대한 자기 인식, 그리고 교직사회의 보수성에 대한 인식이 복합적으로 결합하여 학교에서의 안정적인 생활을 위해서 취할 수 있는 최선의 전략선택 과정으로서 이루어진다. 초임교사의 경우, 신규교사라는 자기 인식이 지속되는 가운데 자신이 교사로서 학교에서 접한 경험과 생각 자체에 대해서 가치 절하하는 모습을 보인다. 스스로 자신들이 근무하는 학교의 상황을 충분히 잘 이해하고 있지 못할 뿐만 아니라, 교사라는 역할을 처음 수행하는 존재들이기 때문에 자신들의 생각이나 경험은 선배교사들의 그것과 비교하였을 때, 미숙한 것이라고 생각한다. 이러한 자신감의 결여는 학교에서 담당하는 교과지도, 생활지도, 학급경영, 행정업무 등의 경계를 넘어서 전반적인 부분에 걸쳐서 나타난다. 즉, 이들은 교사로서 수행하여야 하는 전반적인 활동 영역에 있어서 서투르고 부족한 존재라고 스스로를 규정하게 된다. 결과적으로 수동적 존재로서 자기 정체성은 초임교사 스스로를 동료교사들에게 의지하고 그들의 경험과 이야기를 통해서 무엇인가를 더 익혀야 하는 수동적 학습자의 정체성을 형성한다.

결론 : 이중적 정체성의 형성과정으로서 경험학습

학교현장에서 발생하는 교사들의 경험학습의 의미는 첫째, 교사들이 시도하는 경험학습의 모습은 전문성을 갖춘 이상적 교사로서 변모하는 과정으로 이해된다. 교육자의 전문성이란 교육의 구체적인 현장에서 개인이 수행하는 행위의 구조와 내용이 이들이 실제로 당면하고 있는 문제적 상황의 해결에 긴밀히 관련되어질 때 인정받을 수 있다. 전문성을 갖춘 실천이란 구체적인 상황에서 유리된 조건에서 습득한 지식, 기술이 보장해주는 것이 아니라, 실제 상황에서 보다 효과적인 문제해결을 위해서 개인이 스스로 반성하고, 상황적으로 적합한 지식과 기술을 적용하는 가운데에서 나타나는 것이다(Mott, 2000; Schön; 1983).

교사들은 자신들이 처한 상황에서 기존의 수업방식을 그대로 적용하는 것에 대한 문제점을 인식하고 대안적인 수업방법을 탐색, 실행하며, 그 결과에 대한 자기평가를 시도한다. 이러한 노력은 교사들이 보다 좋은 수업, 재미있는 수업을 수행할 수 있는 능력을 증진하는 학습 과정이다. 동시에 실제 교실현장에서 자신이 담당하는 학생들의 다양한 특성과 학습요구를 반영하여 보다 효과적인 교육을 실천하는 이상적 교사가 갖는 전문성을 개발하려는 자기주도적인 시도로 볼 수 있다.

둘째, 그러나 한편으로 교사들은 동료교사들과의 관계 속에서 교직의 문화와 특성을 내면화하는 과정을 경험하고 있다. 특히 교직문화에 구성원들의 나이와 경험에 따른 위계적, 상명하복 성격의 관계를 강조하는 전통적인 유교문화와 깊이 관련되고 있다는 사실을 인식하게 된다. 교사들에게 입장에서 이러한 교직사회의 보수적 성격은 민주적이고 합리적인 교직문화와는 배치되는 부정적인 모습으로 비춰진다. 그러나 자신들이 속한 학교가 내재되어 있는 기존 문화에 대한 부정적, 비판적 인식에도 불구하고, 교사들은 자신들이 경험하는 교직의 보수성을 넘어서려는 시도는 충분히 하지 못한 채, 기존의 교직문화에 내포되어 있는 가치와 규범 등을 수용하는 학습경험을 접하게 된다.

이러한 원인은 여러 가지로 생각하여 볼 수 있는데, 교사 스스로 내면화한 수동적 정체성도 한 가지 주요 원인으로 지적될 수 있다. 특히 경력이 적고 '신규'라는 자기인식을 가지고 있는 초임교사의 경우에 이러한 상황이 더욱 두드러진다. 학교에 처음 발령받았기 때문에 다른 교사들에 비하여 학생과 학교의 상황에 대해서 잘 알지 못하는 존재라는 점, 교사라는 사회적 역할을 처음 담당하는 존재라는 점을 스스로 인식함으로써 자신의 생각이나 의견을 적극적으로 개진하지 못하고, 실질적 학습과 수용적 자세가 필요한 존재로 생각하는 것이다. 그 결과, 자신이 속해 있는 학교에 내재되어 있는 문화를 불합리하고 불공평한 것으로 인식하고 있음에도 불구하고 그에 대해서 말하지 못하는 상태, 즉 침묵의 상태에 놓이게 된다.

Markus와 Kitayama(1991)는 사회적 관계와 집합주의 문화(collectivist culture)가 지배적인 조건에서 침묵은 주로 개인이 사회적 관계에서 갖는 지위와 역할과 긴밀히 관련된다는 점을 지적하였다(Goldberger, 1996에서 재인용). 초임교사들의 관점에서 보았을 때, 교직문화는 공동체적 가치를 중시여기며, 사회적 관계에서 구성원들의 예(禮)와 의(義)를 강조하는 유교주의 문화와 긴밀히 관련되어 있다. 초임교사들은 학교생활을 통해서 교직문화를 이해하는 동시에, 자신들이 "신규교사"라는 점을 인식하고 있다. 그래서 자신들을 스스로 학교상황이나 학생들에 대해서 잘 모르는 존재, 교사로서 기대되는 행위규범에 대해서 아직 익숙하지 않은 존재로 파악한다. 또한 동료교사와의 관계에서도 자신이 경력이 짧은 후배라는 점을 인식하면서 침묵 행위를 자신에게 적절한 행위로서 선택한다.

이런 점에서 초임교사들의 침묵의 유형은 구조적 침묵(structural silence)이라고 할 수 있다. 구조적 침묵이란 개인이 속한 문화적 담론의 틀 안에서 개인이 수동적, 방어적 태도를 취할 수밖에 없으며, 그 반대의 태도를 보일 경우 잠재적 위협이나 부정적 인식이 예상되기 때문에 침묵하는 것을 말한다(Bosacki, 2005). 다시 말하면 개인의 사회적 지위와 역할을 고려하였을 때, 침묵의 행위가 문화적으로 바람직하고 정당한 행위로 받아들여지기 때문에 나타나는 형태인 것이다. 가부장적 전통에서 아버지의 의견에 대한 권위를 인정하면서 이를 존중하고 순응해야 하는 자녀의 모습이 구조적 침묵이라고 볼 수 있다. 요컨대, 이러한 침묵은 학교생활을 통해서 초임교사들이 파악한 교직사회의 문화적 가치와 신념의 요소와 "신규교사"라는 수동적 자기정체성이 상호작용함으로써 나타나는 것이다. 그리고 교직문화의 보수적 특성은 이러한 과정 속에서 지속된다.

그러나 앞서 언급한 바와 같이, 교직문화에 대해서 침묵의 행위로 표현되는 초임교사의 수동성, 무력함과 동시에 이들은 스스로의 열정과 자발적인 대안 탐색 노력을 통해서 학생들에게 긍정적으로 공헌할 수 있는 수업활동을 시도하고 있다는 점을 주목할 필요가 있다. 학교조직에서의 구조적 관계로 인해서 교사들의 침묵이 나타나기는 하지만, 이들은 자신의 독자적인 교육방법 및 철학을 형성하고자 하는 열망을 가지고 있다. 그럼으로써 학생들과의 관계에서 좋은 교사로서 책무성을 다하려는 능동적인 노력을 경주하게 된다. 결국, 이러한 사실은 교사들이 교직문화와 관련해서 형성하는 수동적 존재로서의 정체성뿐만 아니라, 학생들의 교육내용과 형식을 구성하고 실행하는 능동적 행위자로서의 정체성도 함께 드러내고 있는 것이다. 따라서 교사들의 이중적 정체성이 복합적으로 존재하고 있는 학교 현장은 Rocco와 West(1998: 173)가 언급한 "복합적 현실(polyrhythmic realities)"이라고 볼 수 있다.

복합적 현실이란 동일한 환경에서 개인이 자신의 다양한 속성으로 인해서 어떤 상황에서는 자율성과 권한을 행사할 수 있는 존재로서 정체성을 발현하지만, 어떤 상황에서는 스스로 소외되고, 억압받는 존재로서 정체성을 파악하는 현실 상황을 의미하는 것이다. 다시 말하면, 교사의 자기 정체성은 일관되고 단일한 속성을 가지기보다는 자신이 맺고 있는 학생, 동료교사, 학교 관리자 등의 인간관계 속에서 다중적이고 끊임없이 가변적인 속성을 갖는다는 것을 보여주는 것이다. 따라서 교사들의 경험학습은 교사들의 임파워먼트를 돕는 핵심적 활동인 동시에 순응적 존재로서 정체성을 형성하는 과정으로서 이해할 수 있다.

••• 참고문헌

한숭희 (2006). 평생교육론. 서울: 학지사.

Bosacki, S. L. (2005). *The culture of classroom silence*. New York: Peter Lang.

Fenwick, T. J. (2003). *Learning through experience*. Malabar, FL: Krieger.

Goldberger, N. R. (1996). Cultural imperatives and diversity in ways of knowing. In N. R. Goldberger, J. M. Tarule, B. M. Clinchy, & M. F. Belenky (Eds.), *Knowledge, difference, and power* (pp. 335-371). New York: Basic Books.

Merriam, S. B., Caffarella, R. S. & Baumgartner L. M. (2007). *Learning in adulthood* (3rd ed). San Francisco: Jossey-Bass.

Mott, V. W. (2000). The development of professional expertise in the workplace. In V. W. Mott & B. J. Daley (Eds.), *Charting a course for continuing professional education: framing professional practice* (pp. 23-31). New Directions for Adult and Continuing Education No. 86. San Francisco: Jossey-Bass.

Rocco, T. S. & West, G. W. (1998). Deconstructing privilege: An examination of privilege in adult education. *Adult Education Quarterly*, *48*(3), 171-184.

Schön, D. A. (1983). *The reflective practitioner: How professionals think in action*. New York: Basic Books.

Usher, R., Bryant, I., & Johnson, R. (1997). *Adult education and the postmodern challenge: Learning beyond the limits*. New York: Routledge.

이 글은 김한별(2008). 초임교사의 학교문화 적응과정에서의 학습경험 이해. 평생교육학연구 14(3). 21-49. 내용을 바탕으로 쓰여졌음.

••• 저자약력

김한별	김영석
University of Georgia, Department of Adult Education 졸업 (Ph. D) 현) 한국교원대학교 교육학과 교수	University of Georgia, Department of Lifelong Education, Administration, & Policy (Adult Education 전공) 졸업 (Ph. D) 현) 동의대학교 평생교육학과 교수
이로미	**이성엽**
University of British Columbia, Department of Educational Studies (Adult Education 전공) 졸업 (Ph. D) 현) 경인여자대학 교양과 교수	고려대학교 대학원 교육학과(성인계속 교육 전공) 졸업 (Ph. D) 현) 아주대학교 교수
최성애	
한국교원대학교 대학원 교육학과(교육사회 전공) 졸업 (M. Ed) 현) 양양고등학교 교사	

저 자
인 지

성인 경험학습의 이해 :

이론과 실제

2010년 3월 25일 초판 인쇄
2010년 3월 31일 초판 발행

공저자 / 김한별 · 김영석 · 이로미
이성엽 · 최성애
발행인 / 이 중 수
발행처 / 동 문 사
서울특별시 서대문구 홍제동 137-8
Tel : (02) 736-3718(대), 736-3710, 3720
Fax : (02) 736-3719
등록번호 : 제9-17호

가격 : 6,000원

ISBN : 978-89-8251-416-6 (04370)
978-89-8251-415-9 (세트)
E-mail : dong736@naver.com
www.dongmunsa.com